LETTRES

SUR LA TERRE SAINTE.

LETTRES

SUR LA

TERRE SAINTE,

PAR

M. L'ABBÉ HENRI DE VAULCHIER.

BESANÇON,

J. JACQUIN, IMPRIMEUR-LIBRAIRE,
Grande-Rue, 14, à la Vieille-Intendance.

1856.

LETTRES SUR LA TERRE SAINTE.

A M. LOUIS DE VAULCHIER.

I.

Jaffa, 10 septembre 1855.

Mon cher Louis, je suis parti de Rome le 19 août ; ce n'est pourtant pas à cette date que j'entends fixer le premier jour de mon pèlerinage en Terre sainte. Tu ne trouveras point mauvais que je me permette ici une petite fiction, et que je remonte jusqu'au 25 pour rencontrer la fête de ton patron et recueillir tous les précieux souvenirs de famille et de patrie que m'apportait la mémoire vénérée du saint roi. Ce jour-là, d'ailleurs, est le grand jour des Français à Rome. Le matin, de bonne heure, les abords de notre église étaient encombrés par la foule ; les draperies rouges aux fenêtres et le sable jaune sur le pavé de la place annonçaient la visite des cardinaux pour le matin et celle du pape pour le soir. A dix heures, le Sacré Collége, presqu'au complet, venait se réunir sur les tapis fleurdelisés du sanctuaire ; la messe était solennellement chantée. Le soir, une heure avant l'arrivée du pape, un brillant détachement des troupes françaises se rangeait sur la place en face du grand portail de l'église ; la grande livrée de l'ambassade annonçait la présence de notre ambassadeur, venu pour recevoir le Saint Père ; à 8 heures, le pape arrivait avec son brillant cortége ; M. de Rayneval ouvrait la portière de la voiture et offrait son bras, sur lequel le Saint Père s'appuyait gracieusement, en saluant du regard et de la main avec ce charme plein d'attrait qui révèle en lui le père et le roi. Le cortége, après avoir pénétré dans l'église, s'arrêtait devant l'autel, sur lequel les reliques de saint Louis étaient exposées. Le pape, agenouillé sur son prie-Dieu, s'est recueilli pendant quelques instants. Sans doute alors, au milieu des Français qui se pressaient autour de lui, il a prié pour la France, il a prié pour nous. Nos destinées sont entre les mains de Dieu, l'intercession de son vicaire est pour nous un gage de miséricorde. Le pape, après avoir terminé sa prière, s'est rendu à la sacristie, où un trône lui avait été préparé pour le baisement des pieds. La cérémonie fut longue; nos compatriotes étaient venus en grand nombre, et nos officiers de tout grade n'étaient pas les moins empressés à accomplir cet acte de piété et de vénération profonde pour le vicaire de Jésus-Christ. Je suis venu à mon tour, accompagné de tous les chers Louis dont la pensée remplissait mon cœur; le pape les a bénis en bénissant le pèlerin de Jérusalem.

Et maintenant adieu pour quelques mois à la ville sainte, à ses ruines et à ses coupoles; que l'archange saint Michel veille sur elle du haut de la forteresse où sa grande épée se dresse au-dessus des baïonnettes de la France; que la vertu de saint Pierre sorte de son tombeau pour fortifier les faibles et guérir les malades. Mais le château Saint-Ange est déjà loin de nous; encore quelques tours de roue, et la coupole de Saint-Pierre aura disparu. La nuit vient, et le 30 au matin, nous nous réveillons à Civita-Vecchia.

Je n'entends point, mon cher Louis, faire semblant d'avoir vu ce que je n'ai fait qu'entrevoir. De Civita-Vecchia à Jaffa, c'est-à-dire du 30 août au 9 septembre, j'ai fait un long trajet; mais cela ne s'appelle point un voyage. A Naples et à Messine, les quarantaines imposées par la peur du choléra ne permettaient point d'aborder. A Naples donc il fallut se contenter de la vue du golfe et de la ville depuis le port. C'était déjà beaucoup. A bord, j'entends autour de moi des passagers qui se consolent de leur curiosité déçue en disant du mal du roi et de sa politique, et en racontant des histoires prodigieuses, qui me paraissent de nature à effaroucher la foi la plus robuste. Pauvre roi! on ne lui pardonnera jamais d'avoir trouvé le moyen de demeurer à son poste. En parlant de Naples, vu ainsi comme on voit les objets dans une lanterne magique, je me reprocherais de ne point accorder à Polichinelle une mention honorable et reconnaissante. Ce grand seigneur a daigné nous visiter, tout en restant à une distance respectueuse de notre bord; je l'ai trouvé plein de verve et d'entrain. On prétend que Naples est la première patrie de Polichinelle, et que ce grand homme daigne considérer les Napolitains comme ses concitoyens. Toutes les questions d'origine sont obscures; je ne sais si celle-ci est plus claire que les autres, et, n'ayant pas encore eu l'honneur de faire connaissance avec les Napolitains, je n'ai pu vérifier les liens d'affinité ou, si l'on veut, de parenté, qui existeraient entre eux et Polichinelle.

Le 31 août, à deux heures de l'après-midi, nous quittons le golfe de Naples; les côtes de la Calabre commencent à se dérouler sous nos yeux : de hautes falaises plongent à pic dans la mer; sur le flanc des montagnes, des bois d'orangers et de citronniers. Jusqu'à Salerne, la côte paraît riche et peuplée ; au delà, à peine çà et là quelques rares habitations. Nous dépassons, en le saluant, un vaisseau à deux ponts, dont les voiles déployées sont à peine gonflées par une brise légère ; c'est un vaisseau français, le *Trident*; on distingue sur le pont les pantalons rouges de nos soldats ; ils sont 1,200, ils vont en Crimée.

Le 1er septembre, à six heures du matin, nous passons sans encombre entre Charybde et Scylla ; à sept heures et demie, nous sommes dans la rade de Messine ; nouveaux regrets, il faut rester en face de la ville ; les quarantaines sanitaires ne permettent point d'y descendre. Autant le pont du bateau est agréable lorsque, par une mer tranquille, on n'a pour tout spectacle qu'un ciel pur sur sa tête, à ses pieds des flots paisibles, qui s'étendent à l'infini ; autant il est maussade lorsque la terre toute voisine vous envoie ses parfums et ses souvenirs. L'immense horizon de la pleine mer n'a rien de fastidieux ; c'est l'espace indéfini, au delà duquel le regard de l'âme cherche et rencontre de nouveaux cieux et de nouvelles terres. La seule vraie jouissance de l'âme en ce monde, c'est le désir ; le spectacle de l'immensité lui offre un aliment sans cesse renaissant. Ce petit monde, si étroit et si frêle, fabriqué avec quelques planches et un peu de fer, entraîne rapidement nos destinées vers ce point que nous fixons à l'horizon. Partout autour du passager le mouvement trahit la vie : soit que, penché au flanc du navire, il contemple l'écume des flots soulevés par les roues de la machine, soit que, debout à l'arrière, il suive de l'œil le large sillon tracé par le navire qui l'emporte ; soit qu'il s'amuse à observer dans ses menus détails la vie laborieuse des marins qui se croisent en tout sens sur le pont. Mais une fois que le vapeur est entré dans le port, le mouvement des pensées change brusquement ; le monde invisible s'efface devant le monde visible ; la terre vient de nouveau tenter la curiosité du passager, et les petites barques voltigeant aux flancs du navire sont autant de petits démons qui irritent les désirs du voyageur. Force était cette fois de ne point céder à la tentation. Adieu donc à Messine, à ses clochers et à ses vieux forts, qui se détachent sur les flancs verdoyants des montagnes ; peut-être serons-nous plus heureux à notre retour.

Le lendemain, à six heures du matin, nous étions en vue de Malte ; nous distinguions les maisons blanches et les coupoles basses de la cité Lavalette. Peu de villes ont au même degré le privilége de captiver le regard. Ses puissantes fortifications encastrées dans le roc, les terrasses de pierres de ses maisons, qui montent en étage les unes au-dessus des autres, les mâts élevés des vaisseaux qui dominent çà et là les parties basses de la ville, lui donnent de loin l'aspect de la force. Vue de près, elle offre, à chaque pas que l'on fait dans ses rues étroites, de jolies façades, d'un style un peu lourd, mais original, des églises ornées, des promenades d'où l'œil domine des bassins profonds et peuplés de vaisseaux de toute dimension. Tout cela est d'une tenue irréprochable : une propreté tout anglaise accroît l'éclat qu'un brillant soleil communique à la gracieuse cité.

Ma première visite à Malte fut pour l'église Saint-Jean; j'avais hâte d'y retrouver un souvenir de mon grand-oncle, le commandeur du Deschaux, et de dire la messe pour lui. Il n'y a pas une pierre dans cette grande et belle église qui ne parle des chevaliers. Leurs tombes, ornées de marbres de toute couleur, forment le pavé; on ne foule pas sans émotion ces grands noms qui se sont illustrés au service de la chrétienté. Dans les caveaux situés sous le sanctuaire, on s'arrête avec respect devant la dépouille des l'Isle-Adam, des Lavalette et des Vignacourt. Ce beau nom de Vignacourt a le privilége de se faire lire en plusieurs sanctuaires de l'île. Je le retrouvai à Città-Vecchia, au fond de la petite chapelle construite dans l'enceinte de la grotte où saint Paul a vécu pendant trois mois après son naufrage. Le souvenir du grand Apôtre a traversé les siècles sans s'altérer dans le cœur des Maltais. C'est à lui qu'ils doivent la première semence de cette foi dont ils ont fidèlement conservé le dépôt sous les dominations de toute sorte qui ont passé sur leurs têtes. Partout on retrouve son image; à son doigt est suspendue la vipère inoffensive qui rappelle le miracle dont il est parlé aux Actes des Apôtres et la première prédication de saint Paul, suivie de la conversion des insulaires. La Providence, qui conduit les saints au port de l'éternelle vie, les fait échouer sur les écueils de ce monde; leurs naufrages et leurs tribulations deviennent la cause de notre salut. C'est ainsi qu'a fait le Maître. Jérusalem me montrera bientôt le rocher sur lequel Jésus-Christ a voulu perdre la vie pour la donner au monde.

La domination anglaise n'offre rien de blessant, il faut le dire à leur louange, sur cette terre toute catholique. Ils ont eu la fantaisie, assez innocente, d'élever près du port un vaste temple, fort laid d'ailleurs, dont la flèche, qui a la prétention d'être gothique, coupe disgracieusement les grandes lignes horizontales de la cité. Mais ils entretiennent avec soin tous les monuments élevés par le luxe ou par la piété des chevaliers. C'est un bonheur que de parcourir les vastes salles du palais des anciens grands-maîtres, aujourd'hui le palais du gouverneur, de contempler ces fiers portraits, semblables à ceux qui décoraient jadis les salons de nos pères; de toucher ces vieilles armures. Chaque chose est à sa place ; il n'y a pas jusqu'aux antiques fauteuils de la salle du conseil qui, rangés en bel ordre, semblent attendre encore l'assemblée des chevaliers. L'église Saint-Jean et tous les ornements qui la décorent doivent encore leur éclat à cet esprit d'ordre et de respect pour les vieilles traditions que l'on aime à rencontrer chez les Anglais. Il est vrai que tous les riches revenus qui étaient jadis consacrés à construire cette merveille, sont aujourd'hui entre les mains des nouveaux maîtres. Mais ceux qui, les premiers, au mépris de tous les droits et de tous les devoirs, ont mis la main sur ces richesses, n'avaient point donné aux Anglais l'exemple de cette modération. Jetons un voile sur l'histoire contemporaine, et, en quittant Malte, ne gardons le souvenir que de saint Paul et des chevaliers.

Le 3 octobre, j'étais à bord du *Caire*, qui chauffait pour Alexandrie. Le premier aspect du navire commençait à trahir l'Orient, mais dans tout ce qu'il peut avoir de moins poétique et surtout de moins parfumé. Çà et là des Juifs et des Arabes, accroupis sur le pont, étaient en train de faire une cuisine peu appétissante. Avec cela une mer houleuse, un roulis continuel, et, par conséquent, des tribulations de marin inexpérimenté, qui ont été, jusqu'à Alexandrie, à peu près mes seules impressions de voyage. Du reste, on n'a, la plupart du temps, de Malte à Alexandrie, d'autre spectacle que l'immense horizon de la mer. Pendant une demi-journée seulement on navigue en vue de la terre d'Afrique, dont les côtes, inhospitalières en cet endroit, ne réveillent aucun souvenir.

Le 6, à midi, après une traversée rapide, nous étions en vue d'Alexandrie. Le panorama qui se déroulait sous nos yeux avait pour premier plan la forêt de mâts qui surgit du port neuf, puis au delà le palais du pacha, ses colonnes, ses kiosques et ses jardins ; plus loin les dômes et les minarets des mosquées ; sur la droite, enfin, fuyant à perte de vue, les côtes basses de l'Egypte, dont les sables étincelaient sous les ardeurs d'une lumière éblouissante. C'était bien l'Orient qui faisait devant moi sa première apparition, l'Orient, si beau vu de loin, lorsque le soleil lui prodigue ses rayons, si bizarre et si triste quand on le regarde de près.

Je te ferai grâce, mon cher Louis, des dangers que j'aurais pu courir en entrant dans le port ; on dit que la passe est difficile. Si en ce moment j'avais éprouvé quelques terreurs, elles m'auraient été inspirées par une armée d'Arabes, d'Ethiopiens, de nègres, singes de toute espèce et de toute couleur, depuis l'olive jusqu'à l'ébène, qui s'élançaient de toutes parts sur notre bateau et l'enlevaient à l'abordage. Je me rassurai en voyant autour de moi les hommes habitués à cette manœuvre distribuer à droite et à gauche des coups de cannes et de parapluies qui étaient reçus le plus docilement du monde. Peu à peu l'ordre se rétablit, le débarquement s'opéra paisiblement, et des omnibus, manœuvrant dans des rues étroites et encombrées de chameaux, nous conduisirent au quartier européen.

Ce qui m'a le plus frappé à Alexandrie, c'est le contraste entre une civilisation bâtarde importée d'Europe et la barbarie orientale. D'un côté la ville arabe avec ses rues étroites, ses tours mauresques, ses petites échoppes sales et encombrées de produits qui ont à peine un nom dans notre langue; de l'autre la cité européenne qui s'annonce par une sorte d'immense arène bordée de vastes façades, dont l'effet voudrait être majestueux. De ce côté, l'on rencontre pêle-mêle un temple anglican, une église grecque et l'église latine attenant au couvent des Franciscains qui la desservent. Les deux cités communiquent entre elles par l'intermédiaire de charmantes petites bêtes à longues oreilles, qui, toutes fières de leurs selles brodées, transportent lestement d'un quartier à l'autre les gens de toute espèce et de toute couleur à califourchon sur leur dos. Les ânes jouent un grand rôle à Alexandrie; nulle part je ne les ai vus si vifs et si dociles. Ces malheureuses bêtes, tristes et insensibles, qui faisaient à Montmorency les délices de notre enfance, ne sont que de misérables caricatures en comparaison des ânes d'Alexandrie.

On compte à Alexandrie 14 ou 15,000 Européens. Cette colonie se compose d'Anglais, de Maltais, d'Italiens surtout et de quelques Français, que l'on rencontre principalement dans les bureaux des différentes administrations. Quant à la population dite arabe, je la soupçonne d'être aussi mélangée dans son genre que la population européenne. On dirait, au premier coup d'œil, que les différentes zônes de l'Afrique ont été mises à contribution pour composer ce mélange indéfinissable dans lequel quatre ou cinq races au moins peuvent revendiquer leur part. Enfin, pour compléter le tableau, quelques Turcs apparaissent çà et là, fumant tranquillement leur longue pipe, et contrastant par leur silence et leur grave oisiveté avec l'agitation continuelle et les cris gutturaux des fellahs.

On conçoit que cette race vive et mélangée ait accueilli avec plus de facilité que les Turcs les importations européennes; le génie de Méhémet-Ali a dû rencontrer moins d'obstacles que celui de Mahmoud pour faire accepter ses réformes.

Mais, ce qui m'a intéressé à Alexandrie plus que le premier aspect de l'Orient, plus que la colonne de Pompée et les aiguilles de Cléopâtre, monuments auxquels ne se rattache ni le souvenir de Pompée, ni celui de Cléopâtre, c'est l'établissement des religieuses de Saint-Vincent-de-Paul. Il y a là vingt-sept religieuses ; elles recueillent dans un pensionnat une cinquantaine d'enfants, et font la classe à trois cents externes. C'est à peu près toute la population féminine des enfants des familles européennes d'Alexandrie ; catholiques, grecques, protestantes, sont admises sous le même toit, reçoivent les mêmes soins et la même instruction. Les religieuses ne bornent pas leur mission à l'éducation des enfants. Chaque matin, leur porte s'ouvre pour accueillir deux ou trois cents malades, la plupart Arabes, qui viennent auprès d'elles chercher des remèdes ou faire panser leurs plaies. Rien de plus touchant que la simplicité d'enfants avec laquelle ces pauvres infidèles viennent implorer l'assistance des filles de Saint-Vincent de Paul. Ils se laissent panser et médicamenter avec une confiance, j'allais dire avec une foi sans réserve, par ces bonnes religieuses, qui leur apparaissent comme des êtres surnaturels. Hélas ! combien elles voudraient pouvoir atteindre et toucher d'autres plaies plus hideuses que les plaies du corps ! Mais ces pauvres fellahs, avilis et comme hébétés dès leur enfance, ne savent pas trop s'ils ont une âme. D'ailleurs, les ordres les plus sévères interdisent toute espèce de propagande religieuse. Toutefois, les sœurs profitent de l'accès qu'elles ont dans les familles, hors de la ville surtout, pour baptiser, à l'insu des parents, un nombre assez considérable d'enfants en danger de mort. L'une d'elles me disait que l'époque du rhamadan leur apporte chaque année une moisson abondante de ces pauvres petites créatures, qui, épuisées par un jeûne rigoureux, deviennent les victimes du fanatisme des parents et une glorieuse conquête pour le ciel. Espérons que d'autres conquêtes viendront plus tard ; le royaume des cieux ressemble à un grain de senevé. Ce qui est bien certain, c'est que si quelque chose peut préparer la prédication de l'Evangile chez les musulmans, c'est le spectacle de vertus qui ne se rencontrent pas chez eux, qu'ils comprennent pourtant dès qu'ils les voient, parce qu'elles s'exercent à leur profit, et dont ils ne peuvent s'empêcher d'admirer le caractère éminemment désintéressé.

Un peu plus de vingt-quatre heures après notre arrivée à Alexandrie, nous retournions au port, chercher le vaisseau qui devait nous conduire à Jaffa. Désormais notre rôle de pèlerins commence à devenir sérieux. Jaffa, c'est la Terre sainte. Partis le 6 d'Alexandrie, nous nous trouvions le 9, au matin, en face de cette terre si désirée.

Faut-il le dire ? Un peu d'humeur venait se mêler aux premières émotions que me faisait éprouver la vue de la Terre sainte. Cette jolie ville qui, sous un ciel sans nuage, étageait devant nos yeux ses maisons blanches, ornées çà et là de beaux palmiers, voilà que, sans être touchée de notre pieux empressement, elle fermait ses portes devant nous. Un lazaret devait nous recueillir dès notre premier pas sur cette plage inhospitalière. Et quel lazaret, grand Dieu Trois ou quatre huttes, bonnes tout au plus pour des lépreux, à peine une planche en guise de porte ; de fenêtre, il n'en est pas question ; nulle autre décoration intérieure que la malpropreté des quatre murs. Ne nous plaignons pas, nos pieds ont foulé la Terre sainte ; un peu de gêne et de pauvreté ne messied pas à des pèlerins qui vont chercher les traces du Sauveur.

C'est dans ce réduit, mon cher Louis, que j'ai commencé la lettre que j'achève en ce moment. Bientôt je reprendrai la plume pour te parler de Jérusalem. Ton souvenir, tu le vois, doit me suivre partout dans ces lieux consacrés par les actions divines. Quand on est en voyage, la mémoire se plaît toujours à nous reporter vers ceux que nous aimons ; c'est la compensation de l'absence et de l'éloignement. Mais ici c'est plus que cela : c'est un devoir que la foi rappelle à tout instant. Le pèlerin est tenu de ne marcher qu'en compagnie de ses plus chers souvenirs ; il en est des pèlerinages chrétiennement accomplis comme de toutes les autres grâces surnaturelles : nous ne sommes pas seuls à en jouir. Les dons de Dieu n'admettent pas l'égoïsme ; la seule manière de les goûter, c'est d'y faire participer les autres. Il est donc bien entendu que nous allons, pendant quelques semaines, voyager de compagnie. Nous pénétrerons ensemble dans tous les sanctuaires, et si plus tard tu as le bonheur de les visiter, non point en esprit, mais en réalité, tu pourras dire que tu n'es pas étranger au milieu d'eux.

II.

Jérusalem, 14 septembre 1855.

Mon cher Louis, avant-hier mercredi, entre cinq et six heures du soir, je suis entré à Jérusalem. Au moment de te parler de la ville sainte, je reprends l'histoire de mon pèlerinage là où je l'ai laissée, c'est-à-dire à Jaffa.

Quel bonheur de jouir du ciel, de la terre et de sa liberté quand on sort de prison! Quelques mots seulement de Jaffa, car j'ai hâte de prendre avec toi la route de Jérusalem. Laissons donc là les bazars qui commencent à étaler devant nous leurs perspectives tortueuses et les profondeurs obscures de leurs échoppes bariolées de mille couleurs; quittons le plus vite possible ces allées étroites dans lesquelles on se culbute avec des ânes et des chameaux, sans autre garantie contre les accidents qui peuvent résulter de ce pêle-mêle, que le cri *Darrah!* poussé de tous côtés, à droite, à gauche, en avant, en arrière, par les conducteurs de ces bêtes; contentons-nous de jeter un coup d'œil en passant sur l'ancien hôpital des pestiférés, qui nous rappelle un souvenir de la patrie, et montons sur une terrasse située près du port, du haut de laquelle l'œil embrasse l'immense horizon de la mer vers l'Occident. C'est ici qu'était la maison de Simon le Corroyeur; c'est donc ici que saint Pierre a demeuré pendant plusieurs jours après le miracle de la résurrection de Tabitha; c'est ici qu'il a eu la vision qui lui enjoignait de porter l'Evangile aux Gentils. Laissons de côté la critique; il importe peu de savoir si la maison que saint Pierre a habitée était située à cent pas plus haut ou plus bas que le lieu où nous sommes en ce moment; quoi qu'il en soit, l'endroit est admirablement approprié au récit contenu dans le chapitre dixième des Actes des Apôtres et à la scène qui s'y trouve racontée. A nos pieds, des Arabes lavent des cuirs sur le rivage; en face de nous, la mer fuit vers l'Occident et reporte nos pensées vers ces régions idolâtres que Dieu a tirées de leurs ténèbres en leur envoyant le flambeau de l'Orient. Pierre était où nous sommes, sur la terrasse de sa demeure: *Ascendit Petrus in superiora*. Son regard était tourné, comme le nôtre, vers la mer et l'horizon; c'est de ce côté qu'il vit apparaître tout d'un coup ce grand linge qui descendait du ciel entr'ouvert, et qui contenait tous les quadrupèdes et les serpents de la terre et les oiseaux du firmament. C'est Dieu lui-même qui, au même lieu peut-être où, suivant une tradition, Noé faisait entrer dans son arche une paire de tous les animaux qui peuplaient la terre, pour les sauver du déluge; c'est Dieu qui, par la main de ses anges, amenait devant Pierre toutes les races barbares, représentées par les quadrupèdes et les serpents de la terre, et les vautours du ciel. Le grand linge qui les contenait signifiait l'Eglise, jadis figurée par l'arche de Noé, construite sur cette même plage. Une voix se fit entendre : « Pierre, lève-toi, tue et mange! » Et l'Apôtre, croyant que Dieu tentait sa foi, s'écriait : « Oh! non, Seigneur, car je n'ai jamais mangé ce qui est immonde. » Et la voix reprenait: « N'appelle pas immonde ce que Dieu a purifié. » Hélas, me disais-je, les yeux tournés vers l'Occident, pourquoi faut-il que toutes ces races, jadis barbares, jetées par la main de Dieu dans le sein de son Eglise, apprivoisées ensuite par la voix de Pierre et de ses successeurs, prennent à tâche depuis plusieurs siècles de méconnaître le sein de l'Eglise et la voix de Pierre, et redescendent par l'excès de leur civilisation dans ces ténèbres d'où la main de Dieu les avait tirées? Allons, allons vers Jérusalem; c'est là que nous retrouverons la source du sang qui a purifié ce qui était immonde. Que Dieu me fasse la grâce d'y purifier moi-même mon cœur et mes lèvres, afin que je devienne digne de prêcher l'Evangile à ces pauvres chrétiens qui le désapprennent de plus en plus !

Le couvent des Franciscains de Jaffa nous avait recueillis à notre sortie du lazaret; nous dîmes adieu à ces bons Pères, dont l'hospitalité, là comme partout, simple et cordiale, nous avait fait oublier les petites misères des deux jours précédents. Notre caravane, composée d'une vingtaine de voyageurs, s'organisa lentement. A 4 heures, nous prîmes enfin la route de Ramleh.

Je n'ai rien à dire des jardins de Jaffa, que nous avons traversés en sortant de la ville, ni de la plaine de Saron, qui se déroulait devant nous. Les jardins de Jaffa ont dans la Palestine une célébrité qu'ils doivent à leurs bosquets d'arbres de toute espèce, enfermés dans des haies de nopals et arrosés par de nombreuses fontaines; la plaine du Saron est un de ces lieux de la Terre sainte sur lesquels l'imagination des écrivains sacrés se repose avec amour, pour en décrire les beautés et nous en faire respirer les parfums. Mais le soleil de l'été avait brûlé les jardins de Jaffa et desséché ses fontaines. Quant à la vaste plaine qui s'étendait devant nous jusqu'à la chaîne des montagnes de la Judée, il ne me restait qu'un mot d'Isaïe pour peindre cette désolation, à laquelle il fallait bien que mes regards commençassent à s'habituer: Saron est devenu un désert: *Factus est Saron sicut desertum.*

Un mot bien vite, avant d'aller plus loin, à propos de ce texte d'Isaïe. Il serait un peu long de rechercher dans les saintes Ecritures, et principalement dans les prophètes, tous les passages qui prédisent et dépeignent la désolation de la Terre sainte. Disons une fois pour toutes qu'indépendamment des souvenirs du passé, dont aucune terre au monde ne peut offrir une moisson plus riche, la première pensée que vous inspire l'aspect du pays, c'est l'accomplissement des menaces contenues dans les oracles divins. Tous les voyageurs chrétiens en ont fait la remarque; il n'est pas possible d'expliquer autrement ces plaines couvertes de pierres et de chardons, ces monts déboisés qui vous laissent voir à nu leurs ossements de roc, ces ruines dont la plupart ne sont plus qu'un monceau de pierres déshonorées, privées de ce reste de gloire qui s'attache aux vestiges des âges anciens et des races antiques. La seule consolation que l'on puisse se donner en contemplant cette dévastation, qui n'a pas épargné le brin d'herbe, c'est de penser que la main des hommes, quelque ennemie qu'on la suppose, n'aurait pas eu la puissance d'accomplir à elle seule une pareille œuvre de destruction. La main de Dieu s'est appesantie sur cette terre, et le fléau permanent qui la désole nous rappelle à chaque pas cette parole de l'Esprit Saint : *Mea est ultio* ; le châtiment vient de moi.

Il serait pourtant par trop dur de ne voir dans la dévastation de la Terre sainte qu'un témoignage de la vengeance de Dieu sur une race infidèle et sur une terre ingrate. La Terre sainte n'est pas une terre maudite dans l'acception ordinaire de ce mot. L'anathème qui est tombé sur elle est plutôt une consécration qu'une malédiction. Depuis le jour où, du sommet de la plus illustre colline, est descendue cette parole: *Consummatum est*, tout est consommé, Dieu l'a enlevée aux hommes et se l'est réservée pour lui seul. Depuis ce jour, bientôt après du moins, son histoire a cessé, son peuple a été dispersé aux quatre vents du monde, ses monuments ont été anéantis ; elle n'a pu devenir le partage d'aucun conquérant, elle est restée devant Dieu comme une victime, seule, désolée, telle que Jérémie l'a dépeinte : *Facta quasi vidua*, conservant toutefois sur sa tête humiliée l'éclat d'un firmament sans nuage, sur sa face amaigrie la lumière d'un soleil éblouissant, montrant sur son sein déchiré l'empreinte des pas de son Dieu !

Nous sommes trop enclins par la pente philosophique de notre esprit et par ce que la raison nous apprend de la nature toute spirituelle et infinie de Dieu, à contester son action lorsqu'elle se produit d'une manière visible, et qu'elle se limite à tel ou tel coin de la terre. Mais Dieu, lorsqu'il lui plaît de se manifester à nous, ne prend pas conseil de notre sagesse. Il a trouvé bon de choisir un coin du monde pour y faire éclater ses merveilles. Ce coin du monde, avant qu'il ne devînt sa patrie dans l'acception la plus rigoureuse du mot, a été le lieu ordinaire de ses visites. Depuis Abraham jusqu'à Moïse, depuis Moïse jusqu'au dernier des prophètes, c'est là que Dieu a fait entendre ses promesses, ses menaces et ses oracles. Tous les monts qui m'environnent ont retenti des éclats de sa voix; pour qui sait entendre, pour qui ne ressemble pas aux idoles de l'Egypte, leurs échos la répètent encore. Et puis, lorsque le jour le plus illustre de cette terre privilégiée est enfin venu, Dieu lui-même y descend, non plus pour la visiter en passant, mais pour en faire sa patrie et sa demeure. Les hommes le repoussent, il est vrai; ceux qu'il ne dédaignait pas d'appeler les siens refusent de le recevoir. Mais si les demeures des hommes se ferment devant lui, cette terre a des grottes profondes pour abriter sa mère et pour le recueillir à sa naissance ; elle a des fruits pour le nourrir et des torrents pour le désaltérer. Maintenant, qu'elle perde sa parure, qu'elle n'offre au regard de l'homme que l'aspect de la désolation, elle n'en est pas moins belle devant Dieu, et, s'il lui plaît de lui rendre un jour les ornements dont il l'a dépouillée, il n'aura qu'à ouvrir de nouveau sa main, et la source jaillira du rocher, et l'huile et le miel, comme il est dit au livre des Psaumes, couleront de la pierre la plus dure.

On a jadis discuté longuement sur la fertilité de la Palestine. Les uns, méconnaissant la main de Dieu dans la stérilité qui la désole, ont cherché dans son état actuel un démenti au récit des saintes Ecritures ; les autres, s'appuyant sur les descriptions de la Bible et sur le témoignage des historiens profanes, de Josèphe en particulier, ont prouvé que son sol était autrefois d'une remarquable fécondité. Il est pourtant vrai de dire qu'il y a eu des sols naturellement plus fertiles que le sol de Palestine, celui de l'Egypte par exemple. On voit, au premier aspect, dans la Judée surtout, que l'irrigation, cette première condition de la fertilité, a dû toujours être difficile. La suppression des cours d'eau tient, il est vrai, en grande partie au déboisement des montagnes ; ils n'ont pourtant jamais dû y être bien nombreux ; la preuve en est dans ces immenses piscines ou réservoirs que l'on rencontre dans la campagne autour de Jérusalem, et qui étaient destinés à recueillir les eaux dans la saison des pluies. N'est-il pas permis de conclure de cette inspection des lieux que la fertilité de la Terre sainte, incontestable d'ailleurs, était plutôt encore surnaturelle que naturelle, qu'elle était surtout un don de Dieu sur cette terre des miracles, sous ce ciel dans lequel Josué arrêtait le soleil, dans ces vallées où le Jourdain remontait vers sa source, sur ces monts d'où la malédiction du prophète éloignait la pluie et la rosée, parce que les héros d'Israël avaient succombé sur leurs plateaux.

Quoi qu'il en soit de cette explication, il est certain que la main de Dieu est plus visible que partout ailleurs dans les destinées de la Palestine. C'est le spectacle de cette action providentielle qu'il faut aller chercher sur cette terre consacrée par les actions de Dieu conversant avec les hommes et se réduisant aux proportions de l'humanité. Je plains de toute mon âme ceux qui ne viennent chercher en Palestine qu'un but quelconque de voyage, une distraction dans une vie désœuvrée. Ils feraient bien mieux d'aller visiter le golfe de Naples ou la vallée de Chamounix. Là au moins, ils rencontreront une admirable nature dont la beauté n'est point flétrie, dont les trésors ne sont point épuisés. Ils pourront même reconnaître Dieu dans ses œuvres et faire sans trop d'effort quelques-uns de ces actes de foi vagues et indécis qui conviennent si bien au déisme de nos lettrés. Mais, grand Dieu! qu'ils ne viennent pas en Palestine! A quoi bon trotter toute la journée sur une mauvaise rosse, cheminer avec une soif ardente et sous un soleil brûlant dans le lit desséché des torrents, pour ne rien comprendre au silence éloquent de cette terre, pour ne rien voir au delà de ces monts dépouillés de leur parure?

Le plus indispensable compagnon du pèlerin, c'est sans contredit la Bible; c'est la Bible et l'Evangile qu'il faut relire avant, pendant et après le voyage. Voici, ce me semble, l'effet qui est produit dans l'âme par les souvenirs de l'histoire sainte, soit de l'ancien, soit du nouveau Testament. Nous sommes depuis notre enfance familiarisés avec ces souvenirs. Toutes ces belles histoires, racontées en un style si naïf, se meuvent en quelque sorte dans notre cœur et dans notre imagination, mais un cadre nous manque pour les fixer, pour les contempler à loisir. Ce cadre, nous le rencontrons en Terre sainte, admirablement approprié aux tableaux qu'il doit contenir. Je n'ai jamais trouvé mauvais que les hommes préoccupés par les souvenirs de l'antiquité profane recherchassent les lieux qui ont été la scène où se mouvaient les personnages historiques. Je ne contesterai à personne le plaisir de contempler le champ de bataille de Cannes ou la roche Tarpéienne. Ce plaisir, je le goûterai aussi, sans songer même à le troubler par des doutes hors de saison sur l'authenticité des lieux que l'on me montrera. Si l'on me dit : Annibal a passé par ici; César s'est reposé dans cet endroit; voici le lieu où Cicéron prononçait ses harangues, je suis satisfait, car j'aime Annibal, César et Cicéron, et si la tradition qui place leur souvenir en tel ou tel endroit est une tradition reçue, je n'irai point chicaner sur le plus ou le moins de probabilité. Je tiens au souvenir de ces hommes illustres, et je m'empresse de fixer ce souvenir dans un lieu où ma mémoire ira plus facilement le rechercher.

Eh bien ! ce que je me plais à faire, quand l'occasion s'en rencontre, pour les souvenirs de l'histoire profane, en Terre sainte je le sens à chaque pas pour les souvenirs de l'histoire sainte; avec cette différence que les premiers ne parlent qu'à mon imagination, tandis que les seconds s'adressent tout à la fois à mon imagination, à mon cœur et à ma foi; avec cette différence encore que les lieux où se sont passées les scènes de l'histoire profane sont le plus souvent défigurés, encombrés par des œuvres nouvelles qui effacent les anciens vestiges. Aujourd'hui, les champs de bataille où s'est décidée la destinée des vieux empires sont devenus, suivant la prédiction de Virgile, le champ de quelque pauvre laboureur dont la charrue heurte les casques enfouis sous son sillon. Qui reconnaîtrait la roche Tarpéienne dans la position ridicule qu'on lui a faite? En Terre sainte il n'en est point ainsi. Dieu a pourvu à la conservation des souvenirs. Elle est devant nous, cette terre consacrée, anathématisée si l'on veut; elle est comme était le monde au premier jour de la création, lorsqu'il sortit des mains de Dieu: *Inanis et vacua*. Maintenant, viennent les patriarches avec leurs nombreuses familles et leurs troupeaux innombrables; il y a encore place pour leurs tentes; ils lèveront leurs mains vers le ciel, Dieu fera croître l'herbe dans ces prairies et couler l'eau dans ces citernes. Si Abraham et Lot se retrouvaient à parcourir ensemble ces plaines qui se déroulent à perte de vue sous nos yeux, Abraham pourrait encore dire à son frère: Voici que toute la terre est devant toi; séparons-nous, de peur que nos pasteurs ne se prennent de querelle. Si tu marches vers la gauche, je me dirigerai vers la droite; si, au contraire, tu préfères les régions qui sont à droite, je prendrai pour moi celles qui sont vers la gauche.

Tu le vois, mon cher Louis, je ne parle pas encore des Lieux saints, des endroits qui ont été spécialement consacrés par le souvenir de quelque action divine accomplie dans leur enceinte. Il n'est encore question pour nous que de l'aspect général de la Terre sainte. Et je t'assure qu'avec quelques efforts de mémoire cet aspect est plein de charmes; c'est une grande et belle scène, sur laquelle on évoque tous les plus chers souvenirs, sans être empêché par aucun obstacle, sans être dérangé ni troublé par rien de vulgaire. Et puis on retrouve toujours en Palestine une grande merveille qui vient du ciel, et que les hommes ne peuvent ni détruire ni gâter; je veux parler de la lumière. Elle court comme un fleuve de la montagne à la plaine, de la plaine à l'horizon. Elle teint des plus vives couleurs les monts sinueux dans le flanc desquels elle se creuse en quelque sorte un sillon; tantôt c'est l'éclat de l'or, tantôt c'est l'azur de la mer, partout elle pénètre sans rencontrer d'obstacle. La Terre sainte est le miroir du soleil. Il est pénible parfois de se trouver égaré au milieu de ces reflets, l'œil fatigué cherche avec anxiété un peu d'ombre et s'attriste de n'en pas rencontrer; mais si la Terre promise a échangé ses délices d'autrefois contre cette mâle beauté qui lui vient des cieux, il faut savoir accepter avec les jouissances qu'elle vous offre les privations qu'elle vous impose. Saint Jérôme disait déjà de cette terre au IVe siècle: *Quantùm à deliciis sœculi vacat, tantò majores habet delicias spiritûs.*

Et puis la Providence est bonne ; chaque soir elle prend en pitié les fatigues du pèlerin. Ce soir, par exemple, après une petite étape de trois ou quatre heures, nous voici arrivés au couvent de Ramleh. La nuit est close depuis quelque temps déjà, car, en partant de Jaffa, au lieu de nous diriger directement sur Ramleh, nous avons voulu faire une pointe jusqu'à Lydda pour y visiter les débris de l'église Saint-Georges, une jolie ruine du moyen-âge ; pourtant la porte de fer du couvent n'hésite point à s'ouvrir devant nous. On nous attendait ; bien vite on nous fait absorber une quantité de limonade dont le goût exquis nous rappelle les ruisseaux de miel de la terre promise. Puis nous sommes installés dans de bonnes petites cellules, bien propres, bien appétissantes, qui nous font vite oublier les misères du campement de la veille.

En Palestine, les couvents des religieux Franciscains sont, sous tous les rapports possibles, la providence des voyageurs. L'hospitalité y est franche et cordiale, les petites attentions ne manquent pas ; on sent que les bons Pères sont heureux d'accueillir les pèlerins et de leur faire oublier les fatigues de la route. Ce n'est point, du reste, pour cela seulement que leurs couvents s'élèvent de distance en distance, comme des camps retranchés au milieu d'une population infidèle et souvent hostile. Ils sont occupés à recueillir les débris dispersés du troupeau demeuré fidèle. Les pauvres Arabes chrétiens doivent tout aux Pères de Terre sainte, l'entretien de leur vie, l'instruction chrétienne de leurs enfants, la conservation de leur foi. Dans chaque couvent il y a un Père qui remplit les fonctions de curé, et tous les dimanches son petit troupeau se réunit dans l'église pour assister à la messe de paroisse et entendre un sermon prêché en langue arabe. Il y a, de plus, une école dans chaque couvent.

On croit que Ramleh est l'ancienne Arimathie ; du moins, on y conserve le souvenir de Joseph, cet homme riche qui eut le courage d'aller demander à Pilate le corps de Jésus et qui fut assez heureux pour l'ensevelir. Dieu l'a récompensé en conservant son tombeau non loin du sépulcre glorieux dont il fit l'aumône à la dépouille du divin Maître. Au reste, cette tradition du tombeau de Joseph conservé dans l'enceinte de l'église du Saint-Sépulcre, quelque heureuse qu'elle soit, est loin d'être certaine.

Le lendemain 12, à 4 heures du matin, nous étions debout, prêts à partir pour Jérusalem. La journée est longue et pénible. Nous avons continué pendant quelques heures à chevaucher dans la plaine de Saron, puis, vers midi, nous avons commencé à nous engager dans une gorge de montagnes. En cet endroit le chemin devient pénible ;

les chevaux ont peine à marcher dans cette gorge étroite qui ressemble au lit d'un torrent. Si leur pied n'était pas si sûr, on éprouverait quelque inquiétude en escaladant ces rocs luisants, polis par le passage fréquent des caravanes. A 2 heures, nous fîmes une petite halte dans un village que les chrétiens nomment Saint-Jérémie. On y voit une église gothique d'un style très lourd, dont l'intérieur est intact. Mais la grande curiosité de l'endroit, c'est le chef arabe, l'illustre Abugosh, dont la tribu occupe le plateau sur lequel s'élève le village de Saint-Jérémie, et de là domine toute la contrée environnante qu'elle rançonnait autrefois. Abugosh a eu la gloire d'être complimenté et célébré par M. de Lamartine, qui lui a délivré un certificat de bonne conduite en bonne et due forme. Il est vrai que la reine de Palmyre, la célèbre lady Stanhope, avait servi d'intermédiaire entre le brigand et le poëte. Quoi qu'il en soit, certaines actions, qui n'étaient pas celles d'un parfait honnête homme, lui ont valu, il n'y a pas longtemps, une punition assez sévère. Le châtiment qu'il a subi aux galères de Constantinople ne l'a pas tout à fait converti. Il n'y a pas de cela quinze jours, il empoisonnait son neveu en lui servant une tasse de café. Du moins, il ne rançonne plus les pèlerins. Bien loin de là, notre caravane s'est reposée sur ses nattes, nous avons bu son café et nous sommes repartis. Comme nous n'étions point de sa famille, nous ne courions aucun risque d'être empoisonnés.

Depuis ce lieu jusqu'à Jérusalem, la route et l'aspect des montagnes deviennent de plus en plus sévères ; encore quelques jardins, dans lesquels on cultive la vigne et le figuier entre des murs de pierres sèches, puis quelques oliviers dont le feuillage noir se détache çà et là sur le flanc pierreux des montagnes ; puis toute végétation disparaît. Et comme si ce n'était pas assez de ce dépouillement, ou plutôt de cette dévastation de la nature, les rochers eux-mêmes revêtent une forme désolée ; ils gisent çà et là sur le terrain, semblables à des ruines ; partout où l'œil se repose, il n'aperçoit que des débris.

Jérusalem apparaît enfin sur le plateau isolé qui lui sert de piédestal. Quelque triste que soit l'aspect des lieux qui l'entourent, cette première vue de la cité sainte est pleine de charmes. L'enceinte blanche et parfaitement conservée de ses murs crénelés se dessine nettement sur le fond lointain des montagnes de la Moabie ; les terrasses de ses maisons s'élèvent en amphithéâtre sur les collines de Moriah et de Sion ; à une petite distance au delà de la ville, le mont des Oliviers dresse son sommet couronné de quelques maisons. Des ruines sont éparses sur ses flancs au milieu des oliviers.

Mais c'est au cœur surtout que doit parler Jérusalem ; ces montagnes qui lui servent de base sont des monts sanctifiés par les actions divines dont ils ont été le théâtre ; les événements les plus sacrés de l'histoire se pressent dans cette étroite enceinte. Voici devant nous la tour de David, aux créneaux de laquelle étaient jadis suspendus ces mille boucliers, l'armure des héros, dont il est parlé au Cantique des cantiques. Plus loin, cette coupole, surmontée du croissant, s'élève sur l'emplacement du temple de Salomon. A main droite c'est le mont de Sion, appelé dans l'ancien Testament la demeure de Dieu, et qui fut témoin de la descente du Saint-Esprit sur les apôtres. Enfin, ce sommet un peu plus éloigné reçut la dernière empreinte des pas du Sauveur quittant la terre pour remonter au ciel.

Mais bientôt nous aurons le bonheur, non-seulement de voir, mais encore de parcourir et de toucher ces lieux sacrés. En ce moment une pensée domine en nous toutes les autres : le besoin de remercier Dieu, dont la Providence nous a conduits au terme heureux de notre pèlerinage. Chacun de nous quitte sa monture, baise la terre, et ne se relève qu'après avoir prié.

L'entrée de notre caravane à Jérusalem n'a pas manqué d'une certaine solennité. M. Decquevauviller, chancelier du patriarcat, était venu à notre rencontre. Il nous préparait une bien douce surprise. Au lieu de nous conduire au couvent de Saint-Sauveur, qui est d'ordinaire la première station des pèlerins, il nous dirigea par un dédale de rues tortueuses jusqu'à une porte basse qui, à peine franchie, nous laissa voir le portail byzantin de l'église du Saint-Sépulcre. Notre première visite à Jérusalem était pour le tombeau du Sauveur ; la grotte sacrée nous reçut les uns après les autres, puis nous montâmes au Calvaire.

Bientôt, mon cher Louis, je te dirai quelque chose des Lieux saints, dans lesquels j'ai déjà eu plusieurs fois le bonheur d'offrir le saint sacrifice. Ma première visite ne pouvait être une visite de curieux. Dieu seul doit savoir ce qui se passe dans le cœur du prêtre lorsqu'il a le bonheur de coller ses lèvres sur la pierre qui a reçu son corps et recueilli son sang.

III.

Rome, 14 décembre 1855.

Mon cher Louis, me voici de retour à Rome, après trois mois d'absence. Ma dernière lettre était, s'il m'en souvient bien, datée de Jérusalem. Il faut donc que je t'explique pourquoi mes récits, commencés dans la ville sainte, ont subi une si longue interruption. Ce n'est point oubli de la promesse que je t'avais faite en partant de Rome, ce n'est point non plus, à Dieu ne plaise, ennui ou lassitude; mais c'est impossibilité réelle de trouver ou le temps ou le repos nécessaire du corps et de l'esprit pour écrire. Quand on voyage vite et que l'on voit beaucoup de choses en peu de temps, il faut en prendre son parti, se contenter de jeter çà et là quelques lignes sur le papier, de donner en courant quelques coups de crayon sur son calepin. C'est à quoi je me suis borné peu de temps après mon départ de Jérusalem. Je voyais mon portefeuille se remplir de lettres commencées et qu'il m'était impossible de finir; je les ai laissées dormir en paix, et j'ai réservé tout cela pour le jour où, tranquillement installé au coin de mon feu, je pourrais recommencer mon voyage en compagnie de mon cher frère. Ton souvenir, d'ailleurs, ne m'a point quitté ; je ne le retrouve pas, je le continue. Tu étais avec moi à Jérusalem, à Bethléem, à Nazareth, à Constantinople, en Sicile, où je parlais de toi dans un couvent de Bénédictins. Pourtant je te regrettais, je t'aurais voulu avec moi, hormis en un seul lieu, sur la route de Naples à Rome, entre Velletri et Genzano. C'est là que s'est accompli l'unique épisode de mon voyage qui contienne le récit d'une infortune. Le *Charivari* en a déjà dit un mot, je complète sa narration.

A peine nous sortions des portes de Trézène...

Je veux dire que nous étions arrivés à un petit mille de Velletri. J'étais non point sur un char, mais paisiblement rencogné dans une très bonne diligence, où j'avais passé une excellente nuit. A côté de moi, un voyageur aux mœurs douces et plus que paisibles se félicitait d'avoir échappé à des dangers dont il m'entretenait depuis 24 heures ; ma montre, ma pauvre montre ! marquait 8 heures et quart du matin ; le soleil, un beau soleil, éclairait la campagne, quand tout à coup, non pas un monstre, mais six monstres armés de fusils et le visage couvert d'un masque qui ne laissait voir que leurs yeux, débouchent d'un épais fourré, et, sans dire mot, viennent se placer à la tête de nos chevaux. Ils n'avaient pas besoin de parler, leur geste était suffisamment éloquent, les canons de leurs fusils avaient pris la direction du conducteur et des deux postillons. Ceux-ci comprirent immédiatement ce qu'ils avaient à faire, et en gens habitués à pareille fête, ils descendirent tranquillement de leurs chevaux et se couchèrent sur la grande route, le nez dans la crotte; j'ai su depuis que cela s'appelle *facie à terra!* c'est le terme classique. L'exemple des postillons était évidemment le meilleur à suivre; il fallait bien, d'ailleurs, me déranger pour permettre à ces Messieurs d'inspecter le coffre sur lequel j'étais assis. Je me mis piteusement à genoux à côté de la roue de la voiture. C'était dimanche, la conscience me remuait un peu, et, malgré toutes les bonnes raisons que je pouvais avoir de n'être pas à la messe en ce moment, je sentais que j'aurais été plus convenablement placé à l'église que sur la grande route. Cette réflexion pieuse était encouragée par le son des cloches de Velletri qui annonçaient la grand'messe, et qui nous arrivaient à pleines volées. Je dois dire toutefois que nos voleurs, s'apercevant qu'ils avaient affaire à un prêtre, parurent avoir quelques égards pour sa personne ; ils connaissaient sans doute les censures que l'on encourt en maltraitant un clerc. L'un d'eux, s'approchant de moi, me fit signe qu'il désirait faire connaissance avec ce qui se trouvait dans mes poches. En le voyant si poli, je fus tenté de le prendre pour un de ces nombreux Messieurs qui, depuis Naples, me demandaient mon passeport à chaque relais; je le lui tendis humblement, avec le portefeuille qui le contenait ; mais il rejeta tout cela sur la grande route avec un geste de mépris ; je vidai alors mes autres poches, et leur contenu parut satisfaire ce brave homme. Pendant ce temps les sacs d'argent renfermés dans les coffres de la voiture étaient enlevés avec une rapidité merveilleuse. En dix minutes le tour était fait, et les voleurs avaient disparu. Je relevai alors ma tête humiliée, et je me rétablis sur mes deux pieds. Le spectacle que j'avais sous les yeux était effrayant : un champ de bataille couvert de morts. Toutefois, quand on eut pu se reconnaître, on s'aperçut qu'il n'y avait de blessé qu'une pauvre malle éventrée avec un couteau. Après cela, chacun retrouva sa place, et notre diligence se remit à cheminer sur la route, qui avait repris sa physionomie ordinaire ; de temps à autre nous rencontrions des passants dont le visage était fort honnête, et surtout des gendarmes qui n'avaient nullement l'air surpris quand nous leur contions notre aventure.

Quant à moi, je trouve que je n'ai pas payé trop cher une petite émotion qu'il n'a pas été donné à tout le monde de rencontrer. Contempler de vrais brigands, se trouver pendant un quart d'heure à la merci de gens qui ne vous tueront sans doute pas, mais enfin qui, à la rigueur, pourraient vous tuer: cela fera époque dans ma vie et surtout dans mon voyage. Je n'ai pas voulu te faire grâce de ce détail. Maintenant, nous allons retourner à Jérusalem, car c'est là, ce me semble, que je me suis arrêté dans le récit de mon pèlerinage.

Ce n'est pas pendant les premiers jours qui suivent l'arrivée à Jérusalem que l'on peut se rendre compte de ses impressions. Il faut d'abord et avant tout prier : c'est le premier besoin que l'on éprouve, je devrais dire c'est le premier devoir imposé au pèlerin. Quand on est prêtre surtout, quel bonheur d'offrir le saint sacrifice au lieu où il a été offert pour la première fois par le Prêtre des prêtres, par le Prêtre unique, dont nous ne sommes que les lieutenants! Quelle douce jouissance que de reposer le corps glorieux de Jésus-Christ sur le tombeau d'où il est sorti ressuscité, de le contempler sur l'autel, dans l'étroit réduit où il a été emprisonné, de l'élever vers le ciel au lieu où il a quitté la terre pour remonter à la droite de son Père! Il est certain que les lieux ont une vertu; soit qu'il ait plu à Dieu d'en sanctifier spécialement quelques-uns, comme nous voyons que, dans l'économie de sa Providence, il sanctifie les hommes et les objets matériels pour en faire les instruments et les canaux de sa grâce; soit que notre foi se plaise à replacer les mystères là où ils se sont accomplis. Affaire d'imagination, dira-t-on peut-être. C'est possible, mais j'ai toujours cru que l'imagination était appelée à jouer un rôle important dans les relations entre Dieu et l'homme. Si elle est si souvent une cause de séduction pour nos faibles cœurs, pourquoi ne deviendrait-elle pas le canal purifié que les impressions divines suivraient pour arriver jusqu'à nos âmes? Dieu s'est fait homme, et il a été vu conversant avec les hommes; il a été vu dans ses ignominies, il a été vu dans sa gloire : *Et vidimus gloriam ejus.* Cette parole n'a pas été dite seulement pour les apôtres, elle a été dite pour tous ceux qui croient, pour tous ceux qui croiront jusqu'à la fin des siècles. Car la foi est une vision, une vision dans le miroir, dit saint Paul : *Videmus per speculum;* une vision qui ne nous révèle pas seulement le Dieu invisible, mais qui nous révèle aussi le Dieu qui s'est fait voir. Nous croyons au mystère de l'Incarnation, comme nous croyons au mystère de la Sainte Trinité.

Ce qui fait le charme des Lieux saints, c'est que leur vue facilite singulièrement ce travail d'imagination que la foi accomplit, pour nous représenter les personnages et les circonstances qui ont concouru au grand mystère de l'Incarnation du Fils de Dieu. Il me semble même que cette impression, née de la vue des lieux, doit être ineffaçable, et que l'on doit en jouir toute sa vie.

Et puis, les mystères, les dogmes de notre religion ne sont-ils pas avant tout des faits historiques, des faits d'une nature ineffable, il est vrai : Dieu est né, Dieu a vécu, Dieu est mort; mais ces faits, quelle que soit la hauteur de leur côté surnaturel, n'en tombent pas moins sous les sens comme n'importe quel autre fait de l'histoire du monde. L'invisible a été vu, l'infini a été touché, l'ineffable a été entendu. Et si nous voulons correspondre aux intentions miséricordieuses de Dieu, adapter notre conduite à la sienne, nous devons suivre, pour nous élever vers lui, le chemin qu'il a pris pour s'abaisser jusqu'à nous, faire comme saint Thomas, toucher ses pieds, ses mains et son cœur pour arriver à la révélation de sa gloire. Je sais qu'il a été dit : *Heureux ceux qui n'ont point vu et qui pourtant ont cru!* mais ce reproche, fait à l'incrédulité de l'Apôtre, s'adresse à ceux qui, comme lui, ayant entendu parler du Dieu crucifié et ressuscité à des témoins dignes de foi, refusent de croire à son existence. Saint Thomas voulait à toute force mettre ses doigts dans les cicatrices des plaies du Sauveur; quant à nous, moins exigeants que l'Apôtre, parce que nous avons de plus que lui le témoignage que nous a valu son incrédulité, nous nous contenterons de contempler le sépulcre vide, le creux du rocher sur le Calvaire, la pierre qui reçut le corps inanimé du Sauveur; et, la vision de la foi faisant le reste, nous le verrons crucifié, nous étancherons le sang de ses plaies; et, courbés sur son sépulcre, nous écouterons la voix de l'Ange qui nous dira, comme il disait aux saintes femmes : *Pourquoi cherchez-vous le vivant parmi les morts? Il n'est plus là, il est ressuscité; venez pourtant, et voyez le lieu où le Seigneur était renfermé.*

Mais de tous les souvenirs évangéliques qui sont réveillés en nous par la vue des Lieux saints, celui qui s'offre le plus vivement à l'esprit, c'est le souvenir de la Passion. Le Sauveur est encore là ce qu'il fut à l'époque la plus douloureuse de sa vie, une pierre de scandale, un signe de contradiction élevé pour la ruine comme pour la résurrection des hommes. Laissons de côté l'imagination, qui embellit les objets, et entrons dans l'église du Saint-Sépulcre. Au delà de la porte, sur un sale divan, des soldats turcs fument et boivent du café. Les nefs sombres, dont la disposition échappe complètement au premier coup d'œil, sont coupées par des piliers lourds et massifs; on se croirait dans un vaste tombeau. Le saint Sépulcre est renfermé dans une petite chapelle de marbre blanc, d'un style lourd et surchargé d'ornements. Cette chapelle est l'ouvrage des Grecs, qui l'ont construite après l'incendie de 1801, dont il est bien avéré maintenant qu'ils ont été les auteurs très volontaires. Par une flatterie dont il est facile de pénétrer le sens, les Grecs ont couvert les parois intérieures d'inscriptions en langue slave. On vous montre dans un coin la petite ouverture circulaire par laquelle, chaque année, le samedi saint, le patriarche grec fait sortir le prétendu feu sacré, souillant ainsi, par une farce sacrilège, le plus saint lieu du monde. Il pleut sur cette chapelle, car les Grecs ont mis à nu en plusieurs endroits la grande coupole qui la renferme. C'était un premier pas pour s'arroger ensuite le droit de la refaire, et puis de s'y établir en maîtres. Jusqu'à ce jour, les Latins ont eu assez d'influence pour empêcher cette nouvelle entreprise des schismatiques; mais ils ne sont pas encore assez puissants pour entreprendre eux-mêmes cette œuvre d'urgence. En attendant, le divin Sauveur n'a pas un toit pour abriter son tombeau. Dans la plupart des sanctuaires que vous visitez en tournant autour du chœur des Grecs, qui occupe la grande nef de l'église, depuis la chapelle dite de l'Apparition jusqu'au Calvaire, vous rencontrez des témoignages semblables d'une usurpation tout à la fois violente et perfide.

Les pauvres religieux de Saint-François traînent leur robe usée sur le pavé sale et humide, chantent le plus fort qu'ils peuvent et font crier leur orgue, à moitié brisé jadis par la rage des Grecs, aux heures où cela leur est permis. Puis, quand ils ont fini, les Arméniens commencent, après les Arméniens les Grecs; et chaque jour c'est à recommencer.

Ce spectacle déchire le cœur et trouble de la manière la plus pénible le bonheur que l'on ressent en se trouvant dans le lieu le plus saint du monde, dans le sanctuaire qui contient les témoignages les plus touchants de l'infinie charité de Dieu. Jamais je n'ai passé de nuit plus pénible que ma nuit au Saint-Sépulcre. Ces coups de marteau que les Arméniens frappent sur les planches sonores qui leur servent de cloches, ce carillon de sonnettes dont ils accompagnent leur office, ces chants nazillards et discordants des Grecs, me retraçaient les divisions dont furent entourés les derniers moments de la Passion du Sauveur. J'osais à peine m'approcher du Sépulcre glorieux; je n'éprouvais un peu de soulagement qu'en me prosternant sur le Calvaire, ou en me cachant dans la grotte humide où fut retrouvée la croix du Sauveur.

Doit-on dire qu'il *faut* que cela soit ainsi? que de même que le Christ a dû souffrir et être rassasié d'opprobres, de même aussi le lieu dans lequel il a souffert doit offrir jusqu'à la fin des siècles le spectacle des opprobres dont il plaît à Dieu d'abreuver après lui l'Eglise son épouse? Je ne sais si je me laisse emporter par une fantaisie de mon imagination; mais il me semble que les Lieux saints parleraient moins éloquemment à notre cœur, que la mémoire des mystères qui s'y sont accomplis nous serait retracée d'une façon moins vive, si, au lieu d'être environnés d'opprobre, ils étaient entourés de gloire. D'ailleurs, ne l'oublions pas, ce n'est point là qu'est Pierre, ce n'est point là qu'est l'Eglise. La pierre du saint Sépulcre est, avec la croix du

Sauveur, la plus sainte relique qu'il y ait au monde ; mais ce n'est pas la pierre angulaire et toujours vivante sur laquelle Dieu a bâti son Eglise. Le Sauveur, qui s'est oublié lui-même à l'heure de sa Passion pour ne songer qu'au salut de ses disciples, paraît encore négliger l'honneur de son tombeau pour ne songer qu'à conserver et à glorifier celui de son Apôtre.

Je faisais, l'autre jour, ces réflexions en suivant la procession qui s'accomplit chaque jour dans l'intérieur de l'église pour honorer les mystères de la Passion, dont le souvenir se conserve dans les différents sanctuaires. Cette procession commence à la chapelle du Saint-Sacrement où se trouve le chœur des religieux ; elle suit le chevet de l'église et se termine au saint Sépulcre. Nous étions là cinq ou six pèlerins ignorés mêlés aux Franciscains, qui récitaient des prières et chantaient des hymnes appropriés aux lieux que nous visitions. La lueur pâle de nos flambeaux faisait tout l'éclat de la cérémonie. Je reportais involontairement ma pensée vers une des plus belles cérémonies de Rome, à laquelle j'avais assisté deux mois auparavant. Je voyais encore le tombeau de saint Pierre tout brillant d'or, de fleurs et de lumières. Le vicaire de Jésus-Christ arrivait du fond de la nef qui fait face à la Confession ; il était porté sur son trône, revêtu de ses plus riches ornements, entouré de ce cortège qui n'a pas son pareil au monde. Toute cette pompe parcourait la grande église. Puis le trône s'abaissa lentement en face du tombeau du pêcheur, le pape en descendait ; il ôtait sa couronne et s'agenouillait devant ces glorieuses reliques. Quel contraste entre cette solennité et les plus grandes fêtes célébrées dans l'église du Saint-Sépulcre en l'honneur du Dieu ressuscité ! Sans doute, il faut que cela soit ainsi. Peut-être serait-ce trop, pour la piété des chrétiens, de deux sépulcres également glorieux. Si la foi était aussi facile à Jérusalem qu'à Rome, le courant qui doit entraîner vers Rome tous les enfants de l'Eglise n'arriverait-il pas un jour à être détourné vers Jérusalem ? Il est dit, ce me semble, quelque part, que le trône de l'Antechrist doit s'élever à Jérusalem.

A Dieu ne plaise, toutefois, que je prenne tranquillement mon parti de cet opprobre des Lieux saints. Je cherche la raison divine d'un état si déplorable ; mais je n'en suis point à penser, comme bon nombre de nos pauvres Français, qu'avec un peu plus de décence de part et d'autre, les choses pourraient s'accommoder pacifiquement ; les Latins, les Grecs, les Arméniens, et bien d'autres encore, s'arrangeraient chacun dans le coin qu'on leur assignerait, et l'on verrait quelque chose comme l'accomplissement du jugement de Salomon. Voilà pourtant ce que disent bon nombre de nos tristes chrétiens, ceux, du moins, qui daignent.

s'occuper de la question des Lieux saints, voilà ce qu'ils savent imaginer de meilleur pour la résoudre. Heureusement, les ennemis de l'Eglise, quelque habiles qu'ils soient, ne le seront jamais assez pour faire accepter ce traité à ceux qui ont usurpé, sur les Latins, la possession des Lieux saints. Un accommodement de ce genre peut entrer dans la tête des Français et de quelques-uns de leurs diplomates, mais il ne sera jamais accepté par les schismatiques. Si l'on ne veut pas accéder aux demandes de l'Eglise et la rétablir dans ses droits séculaires, il faudra du moins compter avec les violences de ses ennemis.

Et puis, disons-le aussi à l'honneur de notre France, tel personnage qui, dans un salon parisien, fera fi de ces misérables querelles qui s'agitent à Jérusalem entre des moines latins et des moines grecs, saura trouver dans son cœur de bonnes et religieuses inspirations lorsqu'il aura foulé pendant quelque temps le sol de la Palestine. J'ai recueilli à Jérusalem un souvenir qui m'a touché, et qui fait honneur à l'un des fils de Louis-Philippe. Le prince de Joinville a fait le voyage de Terre sainte, il est venu à Jérusalem. Un jour, comme il gravissait le mont des Oliviers, il demanda quel était ce couvent qui en couronnait le sommet. On lui répondit que c'était un couvent bâti tout récemment par les Arméniens, au mépris des capitulations et sur un emplacement qu'ils n'avaient pas le droit d'occuper. Aussitôt le prince rebroussa chemin, et, rentré à Jérusalem, il écrivit au sultan pour obtenir un firman qui dépossédât les Arméniens. Le firman arriva quelque temps après; le couvent, qui avait coûté des sommes considérables, fut démoli, et il n'en resta pas pierre sur pierre.

Réjouissons-nous encore de ce que la France est en ce moment honorablement et chrétiennement représentée en Terre sainte. A Jérusalem, M. Barrère, tout nouvellement installé au consulat, s'annonce comme voulant continuer le bien qui a été fait par M. Botta. M. Barrère est un homme aimable et distingué, il a déjà fait preuve d'énergie, il est capable de vouloir et d'agir. M. de Lesseps, consul général à Beyrouth, a pris depuis longtemps la seule position qui convienne au représentant d'une puissance chrétienne en Orient : il s'est posé franchement en protecteur des Latins, et il les protége autrement que par des notes diplomatiques. C'est lui qui a obtenu à Constantinople la condamnation des meurtriers du Père Capucin assassiné à Damas ; c'est encore lui qui, par sa seule influence personnelle, a arrêté les massacres d'Alep. En toute occasion, il parle haut et ferme, ainsi qu'il convient dans un pays où l'audace est la première condition du succès. Il a complètement bouleversé les traditions des consuls ses prédécesseurs, qui consistaient à réclamer timidement une justice qu'ils n'obtenaient presque jamais. La renommée de M. de Lesseps est grande en Terre sainte, non-seulement parce que c'est un homme de beaucoup d'esprit et d'une grande valeur, mais surtout parce qu'il est sincèrement religieux. Tout le monde vous dit: M. de Lesseps est l'homme des chrétiens. Enfin, tout récemment, le gouvernement français a confié une mission diplomatique à un homme dont le nom seul est une garantie de l'esprit chrétien avec lequel la mission sera remplie. M. le marquis de Janson est bien connu pour la sincérité de sa foi et la loyauté de son caractère.

La France a, sans doute, beaucoup à faire en Terre sainte; mais une des choses les plus importantes, c'est, sans contredit, le choix des agents qui sont chargés de la représenter. On ignore à Paris la gravité des questions qui s'agitent dans ce petit coin du monde. Elles ne peuvent être bien connues et bien traitées que par ceux qui les étudient sur le terrain même. Le succès dépend en grande partie de leur initiative et de la tournure religieuse de leur esprit.

Maintenant, mon cher Louis, il faut pourtant sortir de l'église du Saint-Sépulcre, que nous n'avons pas encore quittée, ce me semble, et visiter Jérusalem.

Un homme que je n'aime pas, parce que, entre autres mauvais services qu'il nous a rendus, il a contribué à amoindrir la foi des voyageurs de Terre sainte, M. de Lamartine, que l'on retrouve toujours quand il s'agit d'étendre des couleurs sur une toile, a très bien dépeint le double aspect de Jérusalem. Quand on se place sur le penchant du mont des Oliviers pour regarder la ville, on la trouve presque belle. L'œil n'est blessé par aucun décombre, et, la grandeur des souvenirs y aidant, on reconstruit sans trop d'effort la cité de Dieu, de laquelle tant de choses glorieuses ont été dites : cette grande figure de l'Eglise, cette image du ciel. Mais Jérusalem, comme toutes les grandeurs déchues, a besoin d'être vue de loin et à travers le voile des souvenirs. Le charme disparaît quand vous vous engagez dans ses rues étroites, ce n'est plus qu'une ville arabe; si votre curiosité n'a pas pour but quelqu'un de ces lieux dans lesquels vous recherchez une tradition de la Bible ou de l'Evangile, vous êtes repoussé par le spectacle peu attrayant d'une population misérable qui s'agite sous des bazars obscurs ou dans des ruelles tortueuses et infectes. On ne comprend pas comment il se fait que la peste ne soit pas en permanence dans cette ville.

Et puis, il faut en convenir, notre imagination a singulièrement agrandi le théâtre sur lequel se sont passées de si grandes scènes. Tout en reculant autant que possible les anciennes limites de

Jérusalem, on n'en fera jamais une très grande ville. Au temps de Notre Seigneur, par exemple, lorsque le Calvaire n'était pas, comme il l'est aujourd'hui, compris dans l'enceinte des murs, sa circonférence devait être celle d'une ville habitée d'ordinaire par 40 ou 50 mille âmes. Il est vrai que, dix ans après la mort de Notre Seigneur, Agrippa étendit l'enceinte jusqu'aux sépulcres des Rois ; mais, même avec cet agrandissement, on a peine à comprendre le chiffre de 600,000 hommes que Tacite renferme dans la ville assiégée par Titus, et à plus forte raison celui de 1,100,000, auquel Josèphe porte le nombre de ceux qui ont péri pendant le siège. Il faut dire que l'on était alors à l'époque des fêtes de Pâques, et que la ville était encombrée par la multitude des Juifs accourus de toutes les parties de la Palestine. Quoi qu'il en soit, l'enceinte actuelle, élevée par Soliman en 1534, ne doit pas différer beaucoup pour l'étendue de ce qu'elle était au temps de Notre Seigneur. Elle comprend de moins le mont de Sion, mais elle renferme le Calvaire. Il faut une heure un quart pour en faire le tour complétement.

Tu me permettras, mon cher Louis, de ne pas te faire une description détaillée de Jérusalem ; je l'ai visitée en pèlerin et un peu aussi, je dois le dire, en curieux ; mais je ne me sens pas de force à entrer dans toutes les explications historiques qu'exigerait une étude consciencieuse du terrain sur lequel nous sommes en ce moment. Jérusalem, encore une fois, c'est exclusivement la ville du passé, la ville des souvenirs. Depuis David, qui chassa les Jébuséens de la forteresse située au mont de Sion, et transporta d'Hébron à Jérusalem le siège de son royaume, jusqu'à Soliman, qui reconstruisit ses murs tels que nous les voyons aujourd'hui, que de générations d'hommes, que de rois magnifiques, que de conquérants surtout et de dévastateurs, se succèdent sur ses collines ! Ces hommes de l'Orient, si calmes, si paisibles, si respectueux pour les traditions du passé, quand ils se transforment en ravageurs, ne détruisent pas, ils anéantissent. Et puis, les destructeurs de Jérusalem, s'ils ne prenaient pas, comme Attila, le nom de *fléau de Dieu*, ils étaient là, plus qu'on ne l'a vu nulle part ailleurs, les instruments de sa colère, chargés par lui de purifier par le feu et par le sang la ville qu'il avait faite sienne, et que tous les peuples ont appelée la ville sainte, la cité de Dieu : *Jerusalem, civitas sancti, civitas Dei*. Nabuchodonosor, Titus, Saladin, nous apparaissent dans l'histoire comme suscités de Dieu pour faire des ruines, non moins que ces globes de feu qui sortaient de terre sous les pieds des ouvriers que Julien l'Apostat employait à reconstruire le temple.

Il ne faut donc pas rechercher dans l'enceinte même de Jérusalem un grand nombre de débris des âges reculés ; la tradition a conservé le souvenir des lieux les plus illustres, mais les monuments ont péri. L'emplacement du temple de Salomon est le lieu dont il est le plus facile de se rendre compte ; malheureusement aussi, c'est le seul dans lequel on ne puisse pas pénétrer. C'est là que s'élèvent la mosquée d'Omar et l'église de la Présentation, transformée en mosquée. J'aurais vivement désiré, j'ai même espéré un moment franchir le seuil réservé de cette enceinte. Je pensais que la visite du duc de Brabant et de l'archiduc d'Autriche avait dû aplanir les voies aux pèlerins obscurs, mais le fanatisme jaloux des musulmans est toujours le même à cet égard ; le pacha s'est un peu compromis vis-à-vis des Arabes par sa bienveillance pour les Européens. Il y aurait eu indiscrétion à lui demander cette faveur. Je l'ai beaucoup regretté, moins pour la mosquée d'Omar que pour l'église de la Présentation, élevée en l'honneur de la Sainte Vierge au lieu où ses parents l'offrirent au Seigneur. Cette église, qui date au moins de l'époque justinienne, est parfaitement conservée et entretenue. Ceux qui l'ont vue m'ont dit que c'était l'un des monuments les plus curieux de l'architecture byzantine.

Mais si j'ai dû me contenter de regarder de loin l'esplanade qui contient ces deux mosquées, j'ai pu du moins en faire le tour. Du côté de la ville, elle est bornée par le quartier des Turcs ; c'est à peine si on l'entrevoit à travers les rues étroites qui y conduisent. Du côté opposé, la terrasse extérieure qui la supporte se confond avec les remparts de la ville et domine la vallée de Josaphat. De ce côté, en remontant la vallée, et en se plaçant à l'angle que forme le mur d'enceinte, on rencontre dans sa partie inférieure des blocs énormes que les Juifs font remonter jusqu'à l'époque de Salomon. Cette antiquité me paraît au moins douteuse ; toutefois, je ne contesterai pas aux juifs la consolation qu'ils ont à recueillir cette tradition, et à venir chaque vendredi réciter des prières dans ce lieu, qui s'appelle la place des Pleurs.

Un autre lieu dont les souvenirs se rattachent à l'époque antique, c'est la piscine Probatique. Elle est décrite dans l'Evangile de saint Jean, à l'endroit où se trouve racontée la guérison du paralytique. Rien n'empêche de conserver à cette piscine l'emplacement qu'elle occupait lorsque les serviteurs de l'ancien temple venaient y laver les victimes qu'ils présentaient aux prêtres pour être offertes en sacrifice. Mais où sont les cinq portiques dont il est parlé dans l'Evangile, et qu'est-ce qui peut nous autoriser à croire que les murs qui la revêtent intérieurement et les ruines de deux arceaux qui s'ouvraient dans le fond pour livrer passage aux eaux remontent à l'époque saloméenne ? Quoi qu'il en soit, ce bassin vaste et profond, aujourd'hui à demi comblé, est situé à côté de l'esplanade sur laquelle s'élevait le temple; il doit être contemporain de sa fondation. J'aime du moins à le croire et à retrouver parmi les ruines que tant de siècles ont amoncelées autour de moi un vestige, si petit qu'il soit, de la première gloire de Jérusalem.

Les seules ruines intéressantes au point de vue archéologique sont les ruines du moyen-âge. On en retrouve encore un grand nombre à Jérusalem. Il ne m'appartient point d'en faire l'histoire et d'assigner à chacune des deux races qui ont occupé ce sol au moyen-âge la part qui lui revient dans les restes encore debout. Les croisés et les Sarrasins ont laissé de nombreux vestiges de leur séjour à Jérusalem. Ce serait peut-être ici le lieu d'étudier la question, si débattue, de l'alliance entre l'architecture du Nord et celle de l'Orient au moyen-âge. Je ne crois pourtant pas que Jérusalem soit le terrain le mieux choisi pour la résoudre. Outre que les ruines y sont singulièrement défigurées, ce que l'on en voit encore, si l'on en excepte le portail de l'église du Saint-Sépulcre, donne lieu de penser que les constructions élevée à Jérusalem au moyen-âge ne se distinguaient ni par la grandeur des dimensions, ni par la beauté du style. Les croisés ont relevé la plupart des sanctuaires construits au IVe siècle, et attribués tous à tort ou à raison à sainte Hélène. Mais je doute fort qu'ils leur aient rendu leur antique splendeur. Ce que j'ai vu de mieux conservé de cette époque, c'est une église dédiée à saint Jean et convertie en mosquée. Elle est intacte, et elle le doit sans doute à son architecture lourde et massive. On rencontre aussi çà et là de jolies fontaines qui sont évidemment l'œuvre des Sarrasins, et dont la niche, taillée en découpures profondes, ressemble à ce que l'on rencontre à Balbeck, dans les constructions sarrasines qui couronnent les ruines antiques, à Palerme et en maint autre endroit.

Pardon, mon cher Louis, si je m'égare sur un terrain qui ne me convient pas. Tu verras tout cela un jour ; je n'ai pas d'autre prétention que celle de te signaler ce qui peut être pour toi l'objet de recherches curieuses. Je n'ai rien trouvé à cet égard dans les livres que j'avais entre les mains. Je crois qu'il y aurait là le sujet d'une étude intéressante et qui n'a pas encore été faite.

Mais je rentre dans mon rôle de pèlerin, et je veux te dire un mot des lieux les plus célèbres que l'on rencontre autour de Jérusalem. Ceux qui m'attiraient le plus et qui ont été le but le plus fréquent de mes pèlerinages, sont situés à l'orient de la ville, du côté de la vallée de Josaphat. En sortant par la porte Saint-Etienne, on rencontre le lieu qui a conservé le souvenir du supplice du premier martyr; il est situé à côté du sentier qui conduit, en traversant le Cédron et la vallée, au tombeau de la Vierge et à la grotte de l'Agonie. Non loin de là, en tournant vers la droite, on trouve le jardin et les oliviers de Gethsémani; puis, en continuant le sentier, on gravit le mont de l'Ascension et l'on pénètre dans l'ancien sanctuaire ruiné qui marque le lieu où Notre Seigneur disparut aux yeux de ses Apôtres pour remonter au ciel.

Indépendamment des choses ineffables que vous redisent les pierres et les arbres que vous rencontrez, cette excursion est pleine de charmes. Le regard parcourt la triste vallée qui fuit vers le petit village de Siloé, dont les maisons s'étagent dans le lointain sur le flanc d'une colline. Le sol, trop étroit pour les tombes qui s'y pressent, étale de tous côtés sous vos yeux des inscriptions en langue arabe; en face de vous le sépulcre du saint roi qui a donné son nom à la vallée; un peu plus loin le monument qui porte le nom d'Absalon. Tout cela est triste; mais quand on a voyagé en Terre sainte pendant quelque temps, on s'habitue à ces vues mélancoliques, et on finit par les aimer. A peine a-t-on fait quelques centaines de pas au sortir de la vallée, en gravissant la montagne, que l'on jouit d'une des plus belles vues de Jérusalem. C'est là qu'il faut se placer pour la contempler tout à son aise; c'est de là que, la lumière d'un beau soleil contribuant à l'illusion, la cité découronnée étale devant vous une majesté qui n'est pas sans grâce. Enfin, quand on a gravi toute la montagne et plus que la montagne, je veux dire le petit escalier creusé dans l'intérieur du minaret qui en couronne le sommet, tout vestige humain disparaît, et l'on se trouve en présence d'une de ces grandes merveilles de la nature, comme Dieu seul sait les faire. Dans le lointain, sur le fond bleu du firmament, se détache légèrement la ligne azurée des montagnes de la Moabie; à leurs pieds les eaux de la mer Morte paraissent comme un miroir uni dont la surface un peu terne rencontre sans les heurter les monts au pied desquels elle s'étend. A gauche la vallée du Jourdain, qui fuit vers le nord; on devine le fleuve à la double chaîne des montagnes qui bordent son bassin, profondément encaissé. Dans ce vaste paysage rien ne heurte, rien ne distrait de l'harmonie de l'ensemble. La lumière à cette distance se fait douce pour permettre à l'œil de se reposer sur les magnificences qu'il embrasse.

N'oublions pourtant pas qu'il y a mieux à faire ici qu'à admirer les grandeurs d'une belle nature. Les œuvres de la création pâlissent devant les merveilles de la rédemption du monde. C'est ici, c'est à nos pieds que le mystère a commencé de s'accomplir. Restons encore quelques instants sur ce sommet avant de reprendre le chemin de Gethsémani. Tout à l'heure notre regard hésitait entre les différentes parties du tableau qui se déroulait devant lui; en ce moment notre pensée ne sait lequel choisir des deux mystères accomplis dans ce lieu sacré. A nos pieds l'Homme de douleur a commencé à souffrir. Ces murs blancs au bas de la montagne, vers Jérusalem, renferment les oliviers qui ont été les témoins de son effroi, de son ennui, de sa tristesse et des premières angoisses de son agonie : *Cœpit Jesus pavere et tædere et contristari et mæstus esse*; à un jet de pierre de ces vieux troncs : *Quantùm jactus est lapidis*, dit l'Evangile, je devine la grotte où s'est passée son agonie, le coin de terre qui a bu ses larmes, ses sueurs et son sang; un peu plus loin, voici le lieu où les Apôtres endormis méritèrent le reproche que leur adressa le divin Maître.

Mais, au lieu même où je suis, l'Homme de douleur a paru glorifié; il s'est reposé sur ce sommet au milieu de ses disciples; de cette hauteur il leur a montré le monde, et il leur a dit : « Allez dans l'univers et prêchez l'Evangile à toutes les créatures. » Descendons quelques marches, pénétrons dans ce petit édifice, construit au milieu des vestiges de l'ancienne église de sainte Hélène; voici sur le rocher la dernière empreinte des pas du Sauveur. Après avoir baisé cette empreinte, relevons la tête vers ce coin du firmament par lequel il est remonté vers son Père. C'est encore de ce côté qu'il doit redescendre un jour, pour juger les hommes. Oh! alors comme la scène s'agrandit, les limites s'effacent, l'éclair brille à l'Orient vers ces monts que je contemplais tout à l'heure : *Tanquàm fulgur ab Oriente, ità erit adventus Filii hominis*; les sommets s'abaissent sous ses pas, il descend dans les nuées du ciel, et l'immense vallée qui s'étend sous les regards pénétrants du divin Juge, conservant le nom de l'élu qui l'a consacrée par son tombeau, reçoit toutes les générations humaines, réveillées par la trompette du jugement. Comment relire, en présence de ce théâtre, l'histoire du dernier jour, telle qu'elle a été racontée par Notre Seigneur lui-même, sans éprouver ce réveil, cette excitation de l'âme, que cause la vérité, lorsque, sortant de l'abstraction, elle prend tout d'un coup forme et corps; non, encore une fois, ce n'est point là une illusion de l'esprit, un amusement de l'imagination : ce sont des faits qui ont rencontré leur terrain.

Et puis, ces faits surnaturels, ces faits divins, ils se trouvent en harmonie d'une façon merveilleuse avec les sentiments et les pensées d'une âme chrétienne. Nos destinées ont une double face; dans ce monde la souffrance, dans l'autre la glorification. A cette double destinée correspondent deux sentiments contraires, qui partagent notre cœur : la tristesse et l'espérance ; la tristesse, elle trouve une consolation dans le spectacle de l'agonie du Sauveur ; l'espérance, elle s'enhardit en suivant la trace lumineuse qui marque la voie par laquelle le Fils de l'homme est monté au ciel. Je devrais encore, en présence de la vallée de Josaphat, faire mention de la crainte, cet autre ressort de l'âme, si puissant pour la ramener quand elle s'égare, pour l'exciter quand elle se lasse. Je me contenterai de te raconter l'impression que j'ai reçue quand je me suis trouvé dans la grotte de l'Agonie.

En pénétrant dans ce sanctuaire, je m'efforçais, comme c'était mon devoir, de me recueillir un peu et de chasser les pensées importunes. Le recueillement n'est pas si facile qu'on pourrait le croire, même en Terre sainte, quand on voyage. Il est dit que ceux qui font beaucoup de pèlerinages se sanctifient rarement. Sans doute l'auteur de l'*Imitation* n'a voulu reprendre que l'abus de la chose et non la chose elle-même, qui a toujours été encouragée par l'Eglise. Mais enfin, comme l'on n'abuse que des bonnes choses, et que les trésors de la Terre sainte n'apparaissent qu'à travers les fatigues et les distractions du voyage, il est certain que la perte de ces trésors, par suite de la dissipation de l'esprit, est un des dangers du pèlerinage. Quoi qu'il en soit, je cherchais à me recueillir, et j'appelais à mon secours les souvenirs de famille qui m'aidaient d'ordinaire dans ce petit travail, lorsque je sentis comme une flèche traverser mon esprit en y laissant une impression profonde ! C'était le souvenir de notre chère tante, Madame de Laurencin, qui s'était présenté à ma mémoire ave- une vivacité singulière. La vie de cette sainte femme passait tout entière en un instant devant mes yeux. Elle se résumait pour moi dans ce calice d'amertume que le Sauveur avait accepté à quelques pas de l'endroit où j'étais agenouillé. Il faut avoir pénétré, comme j'ai eu le bonheur de le faire, dans l'intérieur de cette âme d'élite, pour savoir quelle a été son épreuve. Dieu, qui mesure ses coups à la grandeur du courage, l'avait frappée jusque dans la partie la plus intime de son être. Ceux qui ne connaissent que ses douleurs de mère, si multipliées, si vives dans un cœur que la vieillesse n'atteignit jamais, ceux-là ignorent sa plus poignante affliction. Elle vivait pour les pauvres et pour le ciel; depuis longtemps elle avait consommé son sacrifice, accepté les tribulations les plus amères et répudié toutes les joies. Eh bien ! celle-là seule qui reste le plus souvent aux âmes chrétiennes lorsque toutes les autres se sont évanouies, la joie du sacrifice accompli, la joie de la conscience satisfaite, elle n'en jouissait pas. La crainte des jugements de Dieu et la terreur de l'enfer étaient continuellement devant ses yeux.

Rien ne pouvait la détourner de ses pensées : ni sa foi, dont la vivacité aurait dû, ce semble, produire en elle la confiance ; ni le souvenir des miséricordes de Dieu envers les plus grandes pécheresses. Etre privé de voir Dieu pendant toute l'éternité ! me disait-elle en versant des larmes, avec un accent qui, sans doute à son insu, contenait plus d'amour que de crainte, mais qui n'en révélait pas moins toutes les angoisses de son âme. Notre Seigneur la tenait ainsi attachée à sa croix et versait dans son âme toutes les amertumes dont il avait été lui-même abreuvé à sa dernière heure. Tout cela m'était présent au moment où j'offrais le saint sacrifice dans le lieu témoin de l'agonie du Sauveur, et où je le priais d'aider cette âme privilégiée à boire jusqu'au bout le glorieux calice. Quelques jours après, j'apprenais que Dieu, trouvant sans doute la victime assez pure, l'avait appelée à lui. Elle avait passé dans une douce agonie. Ce qui pour d'autres est un châtiment, pour elle avait été une grâce ; Dieu lui avait caché l'heure de son jugement.

Il me serait doux, mon cher Louis, de faire encore avec toi quelques excursions autour de Jérusalem, de remonter la vallée de Josaphat, en passant à côté des tombeaux de Josaphat, d'Absalon et de Zacharie, de visiter la fontaine de la Vierge, la piscine de Siloé et le tombeau d'Isaïe, de me reposer quelques instants dans le champ d'Haceldama, sur une colline qui fait face au mont de Sion, dont elle est séparée par la vallée de Géhenna, de redescendre ensuite dans la vallée de Géhon, de visiter dans cette vallée la piscine inférieure et un aqueduc construit par Ponce-Pilate, de rentrer enfin par la porte de Jaffa.

Nous aurions ainsi visité les trois côtés les plus intéressants de Jérusalem, à l'orient, au midi et à l'occident. Mais je sens que je deviens trop long ; le charme de mes souvenirs me fait oublier que j'écris une lettre. D'ailleurs, tous ces grands noms parlent d'eux-mêmes ; il suffit de les redire pour évoquer les plus grandes visions, j'allais dire les plus grandes ombres ; mais le mot ne serait ni assez chrétien ni assez juste. La vie du Dieu fait homme, de celui qui a dit : *Je suis la lumière*, cette vie, désormais sans mort et sans ombre, éclaire, vivifie tous les souvenirs qui viennent se grouper autour d'elle. Quelle joie de se désaltérer à la fontaine qui porte le nom de sa Mère, non loin du lieu où se conserve le souvenir de la demeure de Marie, de se pencher sur le tombeau d'Isaïe pour écouter l'oracle qui prédisait la Vierge mère de l'Emmanuel, du Dieu avec nous, de descendre ensuite dans la piscine encore intacte de Siloé, d'y puiser un peu d'eau dans le creux de sa main et de la porter à ses yeux en mémoire d'un des plus touchants miracles de Notre Seigneur, de fouler ensuite le champ qui fut acheté pour la sépulture des étrangers avec les trente pièces d'argent qu'avait coûtées à la synagogue le sang du Juste. Mais il faut rentrer une dernière fois à Jérusalem avant de la quitter pour ne plus la revoir qu'en passant!

Pendant les derniers instants de mon séjour dans la ville sainte, j'ai voulu suivre la Voie douloureuse, ou, en d'autres termes, faire mon chemin de croix, en suivant les traces conservées par la tradition aux lieux qui ont été les différentes stations du Sauveur chargé de sa croix. A Jérusalem, on n'éprouve pas le besoin d'être bien difficile à l'endroit des traditions pieuses qui, de temps immémorial, sont conservées par la population chrétienne de la ville sainte. Quelques jours auparavant, j'avais suivi la voie de la captivité, c'est-à-dire le chemin qui commence au lieu de la trahison de Judas, près de Gethsémani, et qui traverse le Cédron, pour remonter ensuite le mont de Sion jusqu'à la maison de Caïphe ; à ce moment, j'étais en compagnie d'un aimable religieux de Saint-François ; il me conduisait sur l'emplacement du Prétoire, nous pénétrions ensemble dans une chapelle élevée au lieu de la flagellation ; puis, après avoir passé sous l'arcade de l'*Ecce homo*, nous remontions la pente raide d'une longue rue, nous rencontrions une petite porte basse au lieu où Véronique sortait de sa maison pour essuyer la face du Sauveur ; un peu au delà de la porte Judiciaire, une colonne encore debout qui en marque l'emplacement ; puis, au travers d'un dédale de sales échoppes, nous arrivions à l'église du Saint-Sépulcre ; la porte en était fermée ; nous achevâmes nos stations et nos prières sur les degrés d'un petit escalier de pierre adossé au mur extérieur de la chapelle du Calvaire.

Toute cette scène sur laquelle s'est passé le dernier acte du mystère de la Rédemption n'est ni belle ni grandiose ; elle ne m'en a paru que plus vraisemblable. Je te l'ai déjà dit, notre imagination éprouve de loin le besoin d'agrandir et d'élever le sol sur lequel se sont passées de si grandes choses. Mais quand on est là, on se rappelle ce que l'on ne devrait jamais oublier : c'est que les circonstances de temps, de lieu, de personnes, qui ont entouré le grand acte, étaient et devaient être, ainsi qu'il avait été prédit, basses et ignominieuses. Et puis, encore une fois, Jérusalem n'a jamais été une grande ville, comme nos villes modernes ou seulement comme la cité romaine de Pompéi, avec de belles rues et de larges trottoirs. C'est donc bien par ici que le Sauveur a dû passer en portant sa croix ; ces rues étroites et tortueuses n'ont pas dû changer notablement d'aspect depuis cette époque ; ce pavé, dur et inégal, ne doit pas différer notablement de celui qui fatiguait ses pieds meurtris, et contre lequel il se heurtait en tombant.

Un mot pourtant encore, mon cher Louis, sur la facilité avec laquelle j'ai accepté sans contrôle toutes les pieuses traditions qui ont cours à Jérusalem, un mot non pas de science, mais de bon sens.

Quand on visite les lieux dans l'enceinte desquels se sont accomplis des événements qui sont les faits les plus certains de l'histoire, il serait hors de propos de s'embarrasser dans une critique de détail qui arrêterait à chaque pas les émotions du cœur. Lorsque je me promène dans ma chambre, je n'ai pas besoin de l'ordonnance de M. Purgon pour savoir si ce doit être en long ou en large; il me suffit d'être certain que je suis dans ma chambre, et que personne n'a le droit de me contester la liberté que je prends.

Ce n'est pas assez toutefois de cette certitude, qui ne porte que sur l'ensemble. Il y a plus que cela.

A Jérusalem et ailleurs encore il y a des lieux, théâtres de grands événements, dont la mémoire n'a pas pu se perdre; il y en a d'autres dont la mémoire a dû se conserver.

Quand je suis au Saint-Sépulcre ou sur le Calvaire, j'ai toute certitude d'être sur la place même où Notre Seigneur est mort, sur celle où il a été enseveli; l'histoire de ces lieux n'a rien d'obscur. Au premier siècle, ils appartiennent aux chrétiens de l'Eglise de Jérusalem. Il est absurde de penser que la religion des tombeaux, si vive chez tous les peuples du monde, souffre une exception quand il s'agit du fondateur divin de la religion nouvelle. Au second siècle, soixante ans après la destruction de Jérusalem, ces lieux sont profanés. L'empereur Adrien élève un temple à Vénus à l'endroit où Jésus-Christ avait été crucifié, et place une statue de Jupiter sur le rocher dans lequel était creusé le saint Sépulcre. Il a pu par ce procédé en éloigner les chrétiens, mais il prenait ainsi lui-même la peine de désigner l'emplacement à leurs regrets et à leurs espérances. Depuis cette époque jusqu'à Constantin, nous avons, d'après l'historien Eusèbe, vingt et quelques évêques qui se succèdent sans interruption au milieu de la chrétienté persécutée de Jérusalem. Est-il permis de croire que ces évêques, que ce peuple, d'autant plus fervents qu'ils étaient persécutés, ont pu laisser périr entre leurs mains la part la plus glorieuse de l'héritage de leurs ancêtres, leurs souvenirs, leurs traditions, disons mieux, l'histoire même de leur Eglise.

Depuis Constantin ce ne sont plus seulement les hommes, ce sont les pierres qui parlent. Sa pieuse et sainte mère élève ce sanctuaire qui, plusieurs fois détruit, mais toujours reconstruit, ne cesse d'attirer la foule des pèlerins. Maintenant c'est tant pis pour nous si l'aspect des lieux n'est pas tout à fait ce que notre imagination s'était représenté ; si, par exemple, le Calvaire ne nous semble pas assez élevé, la scène assez vaste, le saint Sépulcre assez loin du Calvaire. Regardons un peu mieux, et surtout relisons l'Evangile. Prenons la peine de faire notre Chemin de croix, et nous verrons si la voie qui s'étend depuis l'arcade de l'*Ecce homo* jusqu'à l'escalier qui monte à la chapelle du Calvaire, n'est pas assez longue et assez pénible. Lisons l'Evangile. « Dans ce lieu, dit-il en parlant de la place où Jésus fut crucifié, *in loco ubi crucifixus est*, dans ce lieu, et non pas même à cent pas, il y avait un jardin, et dans le jardin un sépulcre neuf. »

Ce jardin est sans doute le même dont il est parlé après la Résurrection, et au milieu duquel Marie-Madeleine, rencontrant le Sauveur et le prenant pour un jardinier, le suppliait de lui rendre le corps de son divin Maître. On conserve le souvenir de ce fait évangélique dans la chapelle dite de l'Apparition, qui est à côté du Saint-Sépulcre.

Mais ici j'entre dans la seconde catégorie que je désignais tout à l'heure en disant qu'il y a des lieux dont la mémoire a dû se conserver. Je sens qu'il faut se contenter ici d'un argument *à priori;* il se réduit à cette proposition : Les circonstances les plus importantes de la vie et de la Passion du Sauveur devaient être présentes d'une manière très vive à l'esprit des premiers chrétiens. Entourés des lieux dans lesquels elles s'étaient accomplies, ils ont dû fixer ces lieux dans leurs souvenirs, dans leurs traditions, dans leur culte surtout.

Et puis, d'ailleurs, ce que sainte Hélène a fait pour le saint Sépulcre, elle l'a fait pour bien d'autres lieux, en particulier pour le Cénacle, pour la maison de Caïphe, pour le mont des Oliviers. Les croisés sont venus au XIe siècle, ils ont trouvé les ruines des basiliques de sainte Hélène, et aujourd'hui c'est au milieu des ruines du moyen-âge que nous cherchons les vestiges de ces lieux consacrés.

Et que m'importe, après tout ? Je crois à l'Evangile et aux faits qui y sont racontés ; je suis trop heureux de pouvoir replacer ces faits sur la terre où je suis bien sûr qu'ils se sont accomplis. Quand je baise dans le Cédron une pierre qui porte l'empreinte du pied d'un homme, qu'ai-je besoin d'être certain que c'est là, et non point cinquante pas plus haut ou plus bas, que le Sauveur a passé, traîné par les Juifs qui venaient de le saisir au jardin de Gethsémani. Il me suffit de savoir qu'à l'heure de sa Passion, au milieu des blasphèmes et des coups, le Dieu rédempteur a posé son pied sur la pierre du torrent.

Encore une fois, ce n'est pas le merveilleux qu'il faut aller chercher à Jérusalem. Bien loin de là, que l'esprit de l'homme s'humilie, que son cœur s'attriste en présence des réalités douloureuses que l'Evangile évoque sur cette terre des douleurs. Mais, hélas ! c'est là pour plusieurs une rude révélation : *Durus est hic sermo*. La croix paraît glorieuse quand elle brille sur une couronne, ou quand, par une belle nuit d'été, elle étincelle au sommet de la coupole de Michel-Ange ; on oublie alors qu'elle fut autrefois un poteau d'infamie. Mais quand on la replace dans le creux du Calvaire, quand on étend sur ses rudes branches les membres déchirés du Sauveur, oh! alors sans doute elle a encore des charmes, mais ce ne sont plus que des charmes mystérieux. Si j'avais à diriger quelque chrétien faible et chancelant dans sa foi comme il y en a tant, je pourrais lui conseiller de venir à Rome, mais je ne l'enverrais jamais à Jérusalem. A ceux-là s'applique sans réserve la parole de l'Imitation : *Qui multùm peregrinantur rarò sanctificantur*.

Une dernière pensée, un dernier mot sur ce sujet. Quand on a eu le bonheur de parcourir la Terre sainte, on trouve tout naturel d'admettre les circonstances vraisemblables qui entourent ou continuent les récits évangéliques. Par exemple, quand j'abordai en Sicile, à mon retour, je ne me sentis d'abord qu'une dévotion assez mince pour la *Madonna della Lettera*, qui est, comme tu le sais, en vénération dans tout le pays. Cette lettre, écrite aux Messinois, me paraissait quelque chose de peu croyable. Un jour pourtant, je m'approchai d'un tableau au bas duquel elle se trouvait écrite tout au long, et, après les témoignages de bienveillance que la Sainte Vierge donne aux chrétiens évangélisés par saint Paul, je vis la date ainsi conçue : Donné à Jérusalem, la dixième année après la mort de mon Fils. J'arrivais de Jérusalem ; on m'y avait montré l'emplacement de la maison de Marie, la fontaine qui porte son nom, son tombeau ; rien de tout cela ne m'avait choqué, car il est plus que probable que la Sainte Vierge a passé les dernières années de sa vie à Jérusalem. Pourquoi ne croirais-je pas que saint Paul, qui a bien certainement visité la cité sainte et Pierre qui s'y trouvait, n'en est point reparti sans saluer la Mère de Dieu, et que Marie, à sa prière, lui aura donné une lettre pour les chrétiens de Sicile? En tout cas, il est bien certainement impossible de prouver le contraire.

Il serait imprudent, sans doute, d'attacher à ces faits, qui ne sont que probables ou possibles, une importance capitale. Je ne querellerai jamais ceux qui répugnent à les admettre. Je me permettrai, toutefois, de faire une remarque sur cette répugnance *à priori*: c'est qu'elle est voisine d'une autre disposition plus fâcheuse de l'esprit, celle qui porte un grand nombre d'hommes à n'envisager que le côté métaphysique de la religion chrétienne, et à oublier qu'elle est avant tout un fait et une histoire.

Il faut pourtant mettre un terme à cette interminable épître. Pardon, mon cher Louis, si j'ai abusé de ta patience en jetant pêle-mêle sur le papier ce que j'avais dans le cœur. Je ne t'ai pas tout dit : il n'est rien à quoi ne fasse rêver Jérusalem ; elle réveille toutes les pensées, elle touche à tous les souvenirs, à toutes les affections. Je n'ai pas besoin de lire l'absurde inscription placée au milieu du chœur des Grecs, dans l'église du Saint-Sépulcre, pour savoir quel est le centre de la terre. Il faut la quitter pour n'y revenir passer que quelques instants. Allons à Bethléem : *Transeamus usquè Bethleem*, dirons-nous dans le langage des pasteurs. Nous avons vu le tombeau, allons prier devant la crèche.

IV.

Rome, 15 décembre 1855.

Mon cher Louis, le 19 septembre, à une heure de l'après-midi, notre caravane, composée de quatre pèlerins et d'un guide, se mettait en route pour Bethléem. Notre itinéraire était marqué par le couvent de Saint-Jean, où nous devions passer vingt-quatre heures, la fontaine de Saint-Philippe, Beit-Djalla, Bethléem.

A une heure de Jérusalem, on rencontre le couvent grec de Sainte-Croix ; la fondation de ce couvent remonte à sainte Hélène ; il fut construit au lieu où une pieuse tradition plaçait l'arbre dont le bois servit à faire la croix du Sauveur. Le couvent est vaste, l'église grande et ornée ; le tout a l'aspect d'une forteresse ; d'épaisses portes de fer ferment les issues, qui n'ont pas plus de trois pieds d'élévation. Partout on retrouve dans la construction des couvents le témoignage des violences dont la menace est suspendue sur la tête des religieux. Les murs épais et les portes de fer n'ont même pas toujours émoussé les lances des Arabes. L'histoire seule des religieux Franciscains est là pour redire que ces vaillants soldats de Jésus-Christ ont payé du sang de trois mille des leurs la gloire d'être jusqu'à nos jours les défenseurs et les gardiens des Lieux saints.

Après une courte visite, nous reprîmes notre route. La partie de la Palestine désignée dans l'Evangile sous le nom de *montana JudϾ*, commençait à se dérouler sous nos yeux. L'aspect de ces montagnes est de ce côté un peu moins aride que celui des monts qui environnent

Jérusalem. On voit çà et là, au flanc des coteaux, quelques beaux plantés d'oliviers. Au fond de la vallée, près du village de Saint-Jean, que l'on aperçoit de loin, de nombreuses terrasses retiennent les terres et forment de petits jardins dans lesquels on cultive des légumes.

Le lieu de la nativité de saint Jean est distinct de celui de la Visitation; ni l'un ni l'autre ne sont spécialement désignés dans l'Evangile. Il y est seulement dit que la Sainte Vierge, peu de temps après l'accomplissement du mystère de l'Incarnation, quitta Nazareth pour faire visite à sa cousine Elisabeth, et que le terme de son voyage était une petite ville de la Judée, située au milieu des montagnes. Les traditions chrétiennes placent l'entrevue de la Sainte Vierge et de sainte Elisabeth au sommet d'une colline qui domine la vallée. C'est là qu'aurait été la demeure dans laquelle Zacharie eut la gloire de recevoir la Mère de Dieu. C'est là que pour la première fois fut prononcée la bénédiction qui compléta en quelque sorte la salutation de l'Ange. Les montagnes de la Judée sont l'écho des collines de la Galilée. La gloire de l'humble Vierge, célébrée pour la première fois par l'envoyé de Dieu, est redite par la mère du Précurseur. Puis, toute cette grandeur est reportée à sa source par celle qui en est investie; Marie chante son cantique d'actions de grâces au lieu où elle vient d'être proclamée bienheureuse entre toutes les femmes. A deux milles de Jérusalem, tout à côté de Bethléem, elle redit les magnificences du Dieu qu'elle porte dans son sein. Que d'échos dans le monde, sur les monts, au sein des vallées, répéteront ce cantique! Combien de cœurs tressailleront jusqu'à la fin des siècles en redisant les accents échappés de la bouche de la Servante du Seigneur!

Le couvent de Saint-Jean est situé au fond de la vallée, sur l'emplacement de la maison dans laquelle, d'après les traditions chrétiennes, le saint Précurseur est venu au monde. Ce saint lieu a eu à subir de nombreuses vicissitudes. Au moyen-âge, il était renfermé dans une grande et belle église, élevée sans doute par la piété des croisés. Cette église fut détruite par les Turcs, le lieu souillé et profané. En 1621, il fut racheté à grand prix par les religieux de Saint-François. L'église se relevait de ses ruines lorsqu'elle fut de nouveau détruite et les religieux expulsés. Quelques années s'écoulèrent; les religieux, aidés par des secours venus d'Espagne, entreprennent de nouveau, avec cette persévérance que donne la foi, la reconstruction de l'église. De continuelles persécutions les assiégent. Ils étaient sur le point de renoncer à leur entreprise, lorsqu'une voix céleste retentit à leurs oreilles. Elle redisait en arabe : *Saint Jean! saint Jean!* Les Pères se remettent à l'œuvre avec une nouvelle ardeur. La persécution cesse; l'église et peu après le couvent, tels qu'on les voit aujourd'hui, sont enfin construits. Telle est la légende qui m'a été racontée par le Père espagnol supérieur de la maison. Le couvent continue à être spécialement protégé par l'Espagne; presque tous les Pères sont Espagnols.

Les bons religieux de Saint-François sont, ici comme partout, la providence du pays, et par dessus le marché la providence des voyageurs; leur paroisse se compose d'une vingtaine de familles arabes; ils instruisent ces pauvres gens, leur donnent du pain, viennent en aide de toute manière à leur profonde misère. J'ai entendu parfois demander ce que ces moines peuvent faire de tout l'argent qu'on leur envoie. Il faut ignorer complétement la position des Franciscains en Palestine pour faire une pareille question.

Le 20 dans l'après-midi, je me mis en route pour faire une excursion à Modin et à la grotte de Saint-Jean.

Le souvenir des Machabées m'attirait à Modin ; c'est là que l'Ecriture place leur tombeau. Je gravis péniblement la montagne dont le sommet marque l'emplacement de l'antique cité. On y voit encore des tours en ruine; ces débris datent du moyen-âge. La position de ce sommet, qui domine les montagnes environnantes et commande plusieurs gorges, a dû, à toutes les époques, le faire choisir pour asseoir un fort. Aujourd'hui, quelques sales huttes, habitées par des Arabes, se pressent au milieu des décombres. Je pénétrai dans l'une d'elles, que mon guide me désigna comme marquant l'emplacement du tombeau des Machabées. Malheureusement, l'ouverture qui donnait autrefois entrée aux grottes sépulcrales est fermée depuis longtemps. Il eût été long et difficile de la faire déblayer. J'abandonnai l'entreprise, présumant d'ailleurs que ces grottes, dépouillées depuis des siècles des trésors qui leur avaient été confiées, ne différaient en rien de celles que l'on voit aux environs de Jérusalem.

Pour me dédommager, je montai sur la terrasse de la hutte que je venais de visiter. De là, toute la chaîne des montagnes de la Judée se déroulait sous mes yeux. La forme en est gracieuse, mais l'aspect aride et solitaire. Où sont ces populations nombreuses qui, à l'époque de la naissance de Jean-Baptiste, recueillaient les paroles de Zacharie et se les transmettaient de proche en proche? Aujourd'hui, tous ces monts sont muets, mais leur langage s'est transmis au loin; il a trouvé des échos aux extrémités du monde.

Je me rappelais, en contemplant cette scène silencieuse, éclairée par un soleil ardent, que dix années auparavant j'avais, bien loin de là, visité d'autres montagnes qui m'avaient, elles aussi, parlé de Jean-Baptiste. C'était la veille de sa fête, au milieu des Pyrénées, près du petit village de Bitharam. Les populations de cette partie de la France ont conservé l'usage antique de fêter saint Jean en allumant de grands feux en son honneur. J'étais monté, le soir, au sommet d'une colline que l'on nomme le Calvaire, non loin d'une église dédiée à la Sainte Vierge, qui est un lieu de pèlerinage très fréquenté ; la nuit s'était étendue sur les sommets des montagnes. De vives flammes ne tardèrent pas à les tirer de leurs ombres ; elles se répondaient les unes aux autres ; partout où il y avait un hameau, un feu marquait la demeure des hommes et interprétait leur pensée. En moins d'un quart d'heure les ténèbres étaient percées de tout côté par la flamme des bûchers. J'aimais à voir dans ce beau spectacle une figure des paroles prophétiques par lesquelles Zacharie annonçait la gloire de son fils : Il vient pour éclairer ceux qui sont assis dans les ténèbres et les ombres de la mort; et aussi de ce glorieux témoignage que Jésus-Christ rendait à son précurseur : *Il était une lumière ardente et brillante*. La grotte de Saint-Jean n'est pas loin de Modin. Pour y arriver, il me fallut redescendre une côte très rapide ; puis, après avoir traversé le lit desséché d'un torrent, en remontant pendant quelques instants le flanc opposé de la montagne, j'atteignis la grotte.

Elle a la forme d'une cellule longue de dix à douze pieds et large de six ; à deux pas une petite source d'une eau excellente coule par une fente de rocher. A droite, à gauche et au-dessus de là, quelques pans de murs indiquent les ruines d'un couvent ou seulement d'un ermitage. Sans doute, dès les premiers siècles de l'Eglise, de pieux anachorètes sont venus imiter la vie mortifiée de saint Jean au lieu où, suivant la parole de l'Evangile, l'enfant croissait et se fortifiait en esprit jusqu'au jour de sa manifestation à Israël.

Ces lieux rappellent encore un autre souvenir : dans le lit du torrent que je venais de traverser, David ramassa cinq pierres pour armer sa fronde de pasteur. C'est non loin de là, sans doute sur ces coteaux qui se regardent, qu'était rangée l'armée d'Israël et celle des Philistins. Ces montagnes ont retenti des cris de victoire poussés par les Israélites après la chute de Goliath.

La nuit venait, il fallait songer à regagner le couvent. Je repris le sentier qui y conduisait en longeant le plateau de la montagne ; en une heure j'avais retrouvé la demeure hospitalière des Franciscains.

Le lendemain, de bon matin, je disais la messe dans leur église, au lieu de la nativité de saint Jean-Baptiste ; puis notre caravane reprenait le chemin de Bethléem, où nous devions arriver de bonne heure, après avoir visité la fontaine de Saint-Philippe et Beit-Djalla.

Nous nous dirigeâmes vers la fontaine en suivant un chemin peu commode, qui n'était vraisemblablement pas celui sur lequel le diacre saint Philippe rencontra le trésorier de la reine d'Ethiopie, assis sur son char et lisant Isaïe. La fontaine elle-même est d'une authenticité contestée par saint Jérôme. Elle se distingue de loin par le ruisseau bordé de verdure qui fuit au milieu d'une vallée aride. J'aperçus en m'approchant un noir Arabe qui se baignait dans le bassin de la fontaine. Que n'avais-je la mission de saint Philippe pour rendre à ses eaux, en faveur du pauvre infidèle, la vertu qui régénéra l'Ethiopien ?

Un monastère et une église s'élevaient autrefois au lieu de la fontaine ; il en reste à peine quelques vestiges.

Nous reprîmes notre route après quelques instants de repos.

La vallée étroite que nous suivions s'élargit peu à peu. On passe devant le tombeau de Rachel ; ce tombeau n'est plus qu'une construction turque recouverte d'un dôme blanc ; quelques pas encore, et l'on entrevoit, sur la gauche, les premières maisons de Bethléem, tandis que Beit-Djalla vous montre sur la droite la façade blanche du séminaire patriarcal et ses nombreuses maisons, qui s'élèvent sur le flanc d'un coteau recouvert d'oliviers. C'est de ce côté que nous prîmes notre direction.

On est tenté de se demander, en apercevant les constructions toutes récentes du séminaire, pourquoi ce lieu solitaire a été choisi par le patriarche plutôt que quelque autre lieu de la Terre sainte consacré par un souvenir. Les motifs de cette préférence sont simples. Jérusalem, étant la résidence ordinaire du patriarche, semblait appelée à voir le séminaire s'élever dans son enceinte ; mais l'air y est malsain, et il fallait avant tout pourvoir à la santé des élèves. Toutefois, le motif qui a fixé le séminaire à Beit-Djalla n'est pas seulement la pureté de l'air et la fraîcheur de l'atmosphère : c'est encore une pensée d'avenir qui se rattache à la mission dont Mgr le patriarche poursuit l'accomplissement en Terre sainte. A ce propos, et puisque je suis en face du séminaire patriarcal, il faut que je te dise quelque chose de l'Eglise renaissante de Jérusalem.

Le développement de cette Eglise, dont le siége patriarcal a été rétabli par le pape régnant, rencontre de grands obstacles. Je n'entends pas parler ici de l'étonnement que cette création nouvelle a excité dans l'esprit de plusieurs, des contradictions qui la traversent. Ces choses-là se voient au début de toutes les œuvres nouvelles, surtout lorsqu'elles ont, comme celle-ci, une haute portée, et qu'il faut attendre pour recueillir les fruits. Mais ce qui doit faire le plus grand embarras du patriarche, c'est la pauvreté de ses ressources en tout genre et l'énorme difficulté qui se rencontre dans la formation du clergé.

Les prêtres sont sans contredit le fruit le plus rare de la Terre sainte. Depuis des siècles, elle n'en a guère connu d'autres que les Pères Franciscains. Ce sont eux qui ont recueilli les chrétiens dispersés au milieu des musulmans, qui les ont réunis autour de leurs couvents. C'est là que ces pauvres gens trouvent encore chaque jour la nourriture de l'âme et celle du corps. Les religieux, toujours placés sur la brèche, toujours en butte aux persécutions qui ne leur manquaient d'aucun côté, n'ont pu faire autre chose que veiller à ce que la foi ne pérît pas dans ce petit troupeau de quatre à cinq mille chrétiens auquel se réduit la population du rite latin de la Palestine. Ils ont travaillé à cette œuvre laborieuse avec le même zèle qui les faisait lutter et souffrir pour la conservation des sanctuaires. Ils sont avant tout des gardiens : *custodes*; c'est le titre que prend le supérieur général des couvents de Terre sainte. Dieu sait s'ils ont bien gardé, s'ils n'ont pas été ces sentinelles vigilantes ne se taisant ni le jour ni la nuit, dont parle l'Ecriture : *Super muros tuos, Jerusalem, constitui custodes; nocte et die non tacebunt.* Là s'est bornée et devait se borner leur mission.

Aujourd'hui il suffit d'ouvrir les yeux pour voir qu'un horizon moins étroit s'ouvre devant les ouvriers évangéliques. Sans rêver encore de bien vastes conquêtes, on peut faire quelque chose de plus que garder. A Dieu ne plaise que je consente à entrevoir, même dans l'avenir le plus éloigné, le terme de la mission des Pères de Terre sainte ; ils ne pourront jamais être remplacés aux sanctuaires. Mais d'autres apôtres viendront avec eux arroser de leurs sueurs, peut-être de leur sang, ces terres si longtemps stériles. Dieu dira à ces nouveaux ouvriers ce que Jésus-Christ disait à ses Apôtres : D'autres que vous ont travaillé avant vous, voilà que vous êtes associés à leurs travaux : *Hi laboraverunt, et vos in labores eorum introistis*. Mais il faut du temps pour qu'ils arrivent, la formation d'un clergé n'est pas l'œuvre d'un jour. Le patriarche, les yeux tournés vers l'Occident, lui demande de reporter la lumière vers les lieux d'où elle lui est venue. C'est dans ces termes que Mgr Valerga, lorsque nous eûmes l'honneur de le visiter au mont Carmel, nous exprimait le désir qu'il ressent de voir des prêtres venus d'Europe grossir les rangs de son clergé. Ils viendront, sans doute, à l'heure que Dieu sait et qu'il nous est permis de regarder comme prochaine, en considérant les événements qui agitent le monde en ce moment.

Je demande la permission de faire un peu de politique pour expliquer ma pensée.

Le sort de la Palestine demeure indécis en présence des conflits dont l'Orient est le théâtre. Dieu n'a pas encore dit entre quelles mains il remettrait cette terre qu'il a nommée son héritage, cette portion du monde dont il a fait choix et qu'il a appelée sienne. La race de ses vieux ravageurs s'éteint sur les rives du Bosphore; l'empire qui leur échappe à Constantinople, ils ne le retrouveront pas à Jérusalem. D'autres conquérants la convoitent depuis longtemps; leur convoitise a eu le champ libre jusqu'à ce jour, et s'ils n'avaient pas rêvé d'autres conquêtes, l'Occident ne se serait, sans doute, pas ému aussi vivement qu'il l'a fait. Mais Dieu, qui dirige les événements, saura bien tirer les conséquences négligées, peut-être, par ceux qui ont entrepris de refouler l'ambition de la Russie. Espérons que le drapeau du schisme ne sera pas choisi pour remplacer le croissant; jusqu'à ce jour les événements permettent de concevoir cette espérance. On peut donc entrevoir pour la Palestine l'aurore d'un jour meilleur.

Supposons, en effet, que ses nouveaux maîtres ne ressemblent pas à leurs devanciers, et la voilà qui commence, sinon à sortir de ses ruines, du moins à respirer un peu. L'Arabe du désert ne peut plus impunément la fouler de son pied brutal. Il suffisait déjà d'Ibrahim et de sa justice expéditive pour réprimer le brigandage. Cette pauvre race chrétienne, si opprimée, si avilie, et l'avilissement est toujours, au bout d'un temps donné, la conséquence de l'oppression, cette pauvre race chrétienne se relève peu à peu. Et qui sait si le Grec ne se fatiguera pas de sa haine; si, voyant se briser entre ses mains l'appui sur lequel il comptait, il ne tournera pas enfin ses regards vers la lumière? Je ne suis pas revenu d'Orient avec une grande affection pour les Grecs : être ému de sympathie pour cette race haineuse, c'est un tour de force dont je ne me sens pas capable. Mais j'ai conservé l'espérance que l'Eglise, la mère commune des Grecs et des Latins, n'a jamais perdu celle de voir un jour se réaliser l'*unum ovile* et l'*unus pastor*. Je ne prétends pas non plus m'ériger en prophète; j'oublierai même, si l'on veut, qu'il y a des prophéties, entre autres celles du XIIe et du XIVe chapitres de Zacharie, qui ne trouvent une interprétation satisfaisante que dans une nouvelle gloire de Jérusalem prise au sens littéral. Mais, enfin, si jamais l'avenir a parlé, c'est aujourd'hui; pour l'Orient au moins, le présent n'est déjà plus. Ailleurs on peut rêver la guerre conservatrice; ici le terrain manque pour établir cette théorie ingénieuse. Je n'entends pas pour cela deviner les conséquences politiques des événements; cela regarde les diplomates ou bien encore ceux qui poursuivent cette chimère que l'on nomme, je crois, la reconstitution des nationalités. Mais il ne m'est pas défendu d'interpréter les événements dans le sens d'un accroissement du royaume de Dieu, et de lever les yeux pour voir si, selon la parole du divin Maître, la moisson ne commence pas à jaunir dans ces champs si longtemps stériles.

Quoi qu'il en soit, Jérusalem voit en ce moment son siége patriarcal se relever de ses ruines; peu de prêtres l'entourent, jusqu'à ce jour il n'a trouvé d'autre abri que la modeste église du couvent de Saint-Sauveur. Le patriarche qui l'occupe si dignement aura, peut-être encore pendant longtemps, à exercer plutôt le zèle actif d'un missionnaire que les calmes fonctions d'un évêque. Mais le germe qu'il dépose dans la terre lèvera un jour et produira des fruits. Etablir des écoles, fonder des missions partout où se rencontre quelque espérance de bien, voilà quelle est sa pensée.

C'est cette préoccupation de zèle qui a déterminé Mgr Valerga à établir son séminaire à Beit-Djalla.

Beit-Djalla est un gros village dont la population, assez considérable, appartenait autrefois au rite latin. Les Grecs, à une époque qui est déjà ancienne, en ont interdit l'accès, par leurs violences, aux prêtres catholiques et y ont placé un pope. Le souvenir de l'ancien rite n'est pourtant pas détruit dans la mémoire des habitants, et l'on a un espoir fondé qu'en retrouvant au milieu d'eux des prêtres latins, ils reviendront peu à peu au catholicisme.

L'établissement du séminaire patriarcal à Beit-Djalla est donc un premier pas dans la voie des conquêtes évangéliques; c'est comme un camp retranché construit sur le terrain même de l'ennemi, et qui dessine nettement la position du nouveau clergé. Aussi les Grecs ont compris le coup qui leur était porté. Il n'est pas de violences auxquelles ils n'aient eu recours pour empêcher l'établissement du séminaire; on voit encore, sur les murs d'une maison du village, la trace des balles qui furent tirées sur le patriarche lui-même. Mgr Valerga fut obligé, dans le premier moment, de céder devant l'orage; puis, notre diplomatie lui vint en aide, et grâce à l'appui de l'ambassadeur de France, il obtint justice à Constantinople. Aujourd'hui les constructions sont assez avancées pour que les élèves du séminaire puissent déjà y trouver un abri. L'église gothique s'élève à la hauteur des voûtes; grâce à l'intelligence et à l'activité de l'architecte, qui est un des prêtres du patriarcat, l'œuvre sera bientôt terminée.

De Beit-Djalla à Bethléem il n'y a qu'une demi-heure, nous eûmes bientôt franchi cette petite distance, et, après avoir parcouru une rue longue et tortueuse, nous arrivions en face de l'église et du couvent.

J'ai peu de chose à te dire de ma première journée à Bethléem. L'heure était déjà avancée quand nous y arrivâmes. Je demandai de suite que l'on m'indiquât le chemin de la sainte grotte, et je dus forcer, pour y pénétrer, la consigne que voulait m'imposer un Père Franciscain, inquiet de me voir passer subitement du soleil ardent de la route aux sombres voûtes de la grotte où naquit le Sauveur. Le bon Père se trompait ; l'étable de Bethléem ne fut un lieu de douleur que pour Celui qui venait nous racheter par ses souffrances. La flamme des nombreuses lampes qui brûlent jour et nuit dans l'étroit sanctuaire y répand la lumière et la chaleur. Je baisai la poussière de ce lieu sacré, et je commençai à ressentir des émotions ineffables que je ne saurais comparer à aucune des impressions que m'ont fait éprouver les autres Lieux saints. Ailleurs, je dois le dire, j'étais obligé de réfléchir et d'appeler l'imagination au secours du cœur. Ici je fus saisi ; l'impression du lieu arriva droit à mon cœur comme une flèche. On m'a dit depuis que c'était là comme un privilége de la sainte grotte. Un Anglais protestant disait, au retour de son voyage en Palestine : « Quand j'étais dans la grotte de Bethléem, je croyais à tout ce qu'enseigne l'Eglise catholique, j'étais catholique. »

Je visitai dans la soirée les petites chapelles souterraines qui entourent le sanctuaire de la Nativité. Il y en a une dédiée à saint Joseph, une autre aux saints Innocents. On arrive ensuite par d'étroits couloirs à l'oratoire de saint Jérôme ; c'est là que le sublime génie venait chercher ses inspirations, près de la crèche de l'enfant Jésus. A côté de l'oratoire, se trouve le tombeau du saint ; vis-à-vis est celui de sainte Paule et de sa fille sainte Eustoquie, ces deux illustres Romaines, descendantes des Gracques et des Scipions, qui suivirent saint Jérôme à Bethléem et voulurent partager avec lui l'oubli du monde et les abaissements du Sauveur. Enfin, saint Eusèbe de Crémone, disciple du saint docteur, clôt ce cortége de saints privilégiés qui entourent le berceau du Dieu enfant.

Au-dessus de la sainte grotte se trouve la grande église dont la construction primitive remonte à sainte Hélène, et qui fut dédiée par elle à la Sainte Vierge, sous le titre de *sancta Maria ad Præsepe*. Sa description se trouve dans tous les auteurs. Elle est belle encore malgré la mutilation que lui fait subir un grand mur élevé à la hauteur du transept. Le chevet de l'église appartient aux Grecs et aux Arméniens. La grande nef, qui s'étend depuis le mur jusqu'à la porte basse, demeure nue et solitaire. On y distingue encore quelques débris de mosaïque qui représentaient tous les Conciles et que Quaresmius décrit en cinquante pages in-folio. L'église de Bethléem est, sans contredit, la plus belle que j'aie vue en Palestine. Elle fut au moyen-âge préservée par Tancrède de la destruction dont la menaçaient les musulmans.

Mais nous reviendrons encore une fois à Bethléem. Il ne fallait pas être venu si près d'Hébron sans visiter l'antique cité de David. Le temps pressait, je me résignai à quitter Bethléem pour entreprendre une course longue et fatigante.

Le lendemain donc, de grand matin, je partais pour Hébron.

Hébron rappelle les plus anciens souvenirs bibliques ; car, en remontant encore plus haut que David et même qu'Abraham, quelques-uns assurent que nous trouvons à Hébron notre premier père, Adam, sortant des mains de Dieu, et façonné avec la terre du pays, pour être transporté de là dans le paradis terrestre ; mais, cette fois, je ne sais pas bien où, à moins que ce ne soit dans ce joli petit village d'Eden que je vois d'ici, non loin des cèdres du Liban, au-dessus de la vallée des Saints.

Près d'Hébron, je me suis reposé sous le chêne de Membré ; j'y ai trouvé trois tentes dressées ; ce n'étaient point les tentes d'Abraham, mais celles du consul de Prusse, qui avait choisi cette jolie villa pour y passer l'été. J'y ai été reçu, non point par Sara, mais par la femme du consul. On m'a prié de me reposer quelques instants, et, si l'on ne m'a point lavé les pieds, on m'a du moins fait boire une tasse d'excellent café.

A Hébron, j'aurais bien voulu voir la double caverne achetée par Abraham, et dans laquelle furent ensevelis les patriarches. Mais un monceau d'or n'ouvrirait pas les portes de la mosquée qui recouvre les tombeaux. Je pus, accompagné d'un soldat du pacha, franchir l'escalier et arriver jusqu'en face de la porte. Là nous trouvâmes des Arabes peu disposés à nous laisser aller plus loin et fort mécontents de ce que nous avions franchi les limites ordinaires. Ces limites sont marquées par une profonde ouverture pratiquée dans la muraille et qui correspond, dit-on, avec le tombeau d'Abraham. C'est là que les Juifs viennent réciter leurs prières. Le respect humain, plus fort que ma dévotion au grand patriarche, m'empêcha de m'agenouiller devant ce singulier oratoire.

Les Arabes d'Hébron sont les plus fanatiques et les plus intraitables de la Palestine. Le pacha de Jérusalem était là, et il y séjournait depuis assez longtemps déjà, à la suite d'une expédition qu'il avait faite aux environs contre des tribus révoltées. Les journaux ont parlé, il y a quelques mois, de cette expédition et de la décision vraiment courageuse avec laquelle le pacha a attaqué et réduit les brigands. Cette manière d'agir est tout à fait en dehors des habitudes du pays. Jusqu'ici les Arabes étaient regardés à peu près comme les maîtres de cette partie de la Palestine, à ce point même que lorsqu'il leur convenait de pousser une reconnaissance jusqu'aux portes de Jérusalem, et de faire le coup de fusil dans la vallée de Josaphat, ils ne trouvaient personne pour les en empêcher. Seulement alors, on composait avec eux et on leur donnait de l'argent, en les priant de vouloir bien se tenir à une distance un peu plus respectueuse. Le pacha actuel n'a pas voulu subir ces conditions; il est parti avec sa troupe pour attaquer les Arabes dans un lieu où ils s'étaient fortifiés. Mais, au moment du combat, les soldats turcs montrèrent beaucoup de mauvaise volonté. Il paraît même que l'or des Arabes avait encloué deux des quatre canons amenés de Jérusalem. Le pacha, dans cette circonstance, déploya beaucoup d'énergie; il pointa lui-même un des deux canons qui lui restaient, décida sa troupe à marcher, et réduisit les Arabes. J'ai vu une soixantaine de ces malheureux enchaînés dans un mauvais bouge; ils attendaient le retour du pacha à Jérusalem pour y être emprisonnés et puis jugés.

J'ai eu aussi l'honneur d'être présenté au pacha. C'est un fort aimable homme; sa politesse a un vernis tout européen. Nous avons échangé force compliments; les siens avaient une couleur orientale, que mon éloquence s'efforçait en vain d'imiter. Il n'a mis aucune réserve à se plaindre à moi des ministres du sultan et de l'inintelligence avec laquelle on traite à Constantinople les affaires de la Palestine. J'ai appris depuis que sa conduite, bien loin d'avoir été appréciée, lui avait, au contraire, valu un blâme formel. Ce pauvre gouvernement n'est pas même capable de comprendre l'énergie lorsque, par le plus grand hasard du monde, il la rencontre chez quelqu'un de ses agents. Il ne comprend pas que l'on se défende quand on peut payer. Si tu veux savoir l'opinion vraiment turque relativement à la guerre d'Orient, la voici : c'est que l'on a eu le plus grand tort du monde de ne pas entrer en composition avec la Russie ; on aurait perdu quelques droits, mais on serait resté tranquille. Il est vrai que l'invasion de l'Europe est en ce moment plus menaçante pour la Turquie que ne l'était celle de la Russie il y a deux ans. Quand on a vu les rives du Bosphore couvertes de soldats français, anglais et piémontais, et le Bosphore lui-même sillonné en tout sens par les pavillons de toutes les nations, on ne peut plus guère se faire illusion sur le sort prochain de la Turquie.

La politesse ne me permit pas de communiquer au pacha ces réflexions, que je faisais à part moi sur l'avenir de l'empire ottoman; après avoir bu son café et fumé son tabac, ainsi que l'exigeaient les convenances, je me mis en devoir de retourner à Bethléem. Je suivis jusqu'aux étangs de Salomon la route que j'avais prise le matin. Des plateaux arides de montagne, couverts çà et là de chênes nains, au milieu desquels apparaissent de temps en temps quelques pauvres champs pierreux, voilà tout ce que j'avais à contempler. C'est à peu près dans cet endroit que, Josué poursuivant les Amorrhéens, Dieu fit tomber sur eux une pluie de pierres. Le fait est que je n'ai jamais vu une semblable grêle couvrir un espace aussi considérable.

A une heure de Bethléem, on rencontre les étangs ou piscines de Salomon; je me détournai pour les visiter. C'est là le seul vestige des temps saloméens, d'une authenticité vraisemblable, que j'aie rencontré en Palestine. Trois immenses réservoirs superposés recueillent les eaux des montagnes, qui trouvent leur écoulement de ce côté et qui, au sortir de là, sont dirigées par des conduits jusqu'à Jérusalem.

Ces réservoirs sont construits à peu près de la même manière que ceux que l'on rencontre autour de Jérusalem; mais celui qui se trouve dans la partie la plus basse a cela de particulier qu'il est profondément creusé dans le roc. Les piscines de Jérusalem, sans même en excepter la piscine Probatique, ont été reconstruites à diverses époques; mais il est permis d'assigner une époque unique et très reculée à la piscine inférieure des étangs de Salomon. On aime à retrouver la main du grand roi dans ce travail prodigieux, qui pénètre jusque aux entrailles de la terre. Ces piscines sont au nombre des vanités que Salomon se reprochait aux jours de sa pénitence : *Je me suis construit des piscines destinées à contenir les eaux et à les répandre parmi mes bosquets nouvellement plantés.* Il paraît, en effet, que le premier emploi de ces réservoirs a dû être d'entretenir la fraîcheur du vallon qu'ils dominent. C'est là que l'on place le jardin fermé dont il est parlé au *Cantique des cantiques.*

Un souvenir de l'antique gloire de ce vallon se retrace vivement à l'esprit lorsqu'à un détour de l'âpre sentier qui serpente au flanc de la montagne, on aperçoit tout d'un coup à ses pieds un oasis dans lequel les orangers, les figuiers, les grenadiers mêlent leurs feuillages. On dirait qu'au milieu de ces rocs nus, dépouillés de toute verdure, de ce terrain pierreux, dont les teintes grises et uniformes attristent le regard, la main de Dieu se plaît à faire couler encore un ruisseau d'eau vive, pour conserver un peu d'honneur à ce lieu, qui a eu la gloire de figurer la chaste et divine fécondité de sa Mère. *Hortus conclusus soror mea sponsa, hortus conclusus,* redisais-je tout joyeux en contemplant cette fraîche verdure qui, en Palestine, est un véritable phénomène. Puis je reprenais le chemin de Bethléem. Une autre image de la Mère de Dieu commençait à briller au firmament. A côté de la lune on devinait les étoiles.

Le ciel peuplé de ses astres est partout un imposant spectacle. En Palestine c'est une consolation, qui fait oublier la stérilité monotone d'une terre dévorée par les ardeurs du soleil. Aussi, après une journée déjà bien longue et passée presque tout entière à cheval, je ne sentais plus la fatigue. Les étoiles me faisaient penser aux Mages ; les champs de Bethléem, qui fuyaient devant nous, noyés dans les lueurs incertaines du crépuscule, me faisaient penser aux pasteurs. Bethléem commençait à se dessiner au sommet de la petite montagne qu'il couronne. L'humble cité grandissait à la lumière de la lune. C'est ainsi, disais-je, que la foi éclaire nos âmes, en nous permettant de contempler l'ombre des vérités divines. Qu'ils sont à plaindre ceux qui repoussent cette lumière, sous prétexte qu'elle ne dessine pas d'une manière assez vive les contours des objets ! La splendeur sans ombre n'est pas de ce monde ; elle viendra un jour pour les amis de Dieu. En attendant, cheminons doucement vers Bethléem; une lumière pure, quoique sans éclat, suffit pour nous y conduire. C'est elle qui a guidé les bergers. Est-ce que, par hasard, les hommes auraient trouvé une lumière plus sûre pour éclairer leur route et pour arriver au terme de leur voyage ?

Le lendemain, je me levais entre trois et quatre heures pour dire la messe dans la grotte où fut l'étable. A Bethléem il faut être matinal quand on veut satisfaire sa dévotion. Là, comme à Jérusalem, les Latins n'ont, par suite des empiétements successifs des schismatiques, que des heures déterminées pour offrir le saint sacrifice ; la première demi-heure après l'ouverture de l'église leur appartient; puis les Arméniens commencent leur office ; une autre demi-heure quand les Arméniens ont fini ; puis vient le tour des Grecs. On ne peut donc dire que deux messes par jour dans la sainte grotte, à moins que l'on ne veuille attendre la fin de l'office des Grecs, c'est-à-dire neuf heures, ce qui est impraticable pour des pèlerins voyageurs. Ces arrangements sont fixés par des firmans, et il faudrait pour les changer l'intervention des grandes puissances, qui s'inquiètent peu de ces détails. Je tiens pour mon compte à te les donner, parce que je lisais dernièrement dans un journal des insinuations pleines de malveillance, dirigées contre les Franciscains à propos de cette petite part faite aux Latins. On en faisait retomber la faute sur les Pères ; on les accusait de pusillanimité ; il ne tiendrait qu'à eux, d'après le correspondant du journal, de changer cet état de choses. Tout cela est dit avec une aigreur qui est aussi inconvenante que l'accusation est fausse. Si les Franciscains ont reculé et perdu du terrain, ce n'est pas faute d'avoir revendiqué leurs droits et de l'avoir fait par tous les moyens qui étaient en leur pouvoir. Mais chacun sait que, jusqu'à ce jour du moins, c'est la raison du plus fort et du plus fourbe qui a prévalu en Palestine. Dans la grotte de Bethléem ces violences des schismatiques sont retracées à chaque pas. Il est défendu aux Latins de dire la messe sur l'autel qui est au lieu de la nativité ; sous cet autel, au lieu même où la tradition place le premier vestige du Dieu fait homme, se trouve une étoile d'argent avec cette inscription latine : *Hic de Virgine Mariâ Christus natus est.* Mais cette étoile et l'inscription sont toutes neuves, et il n'y a pas longtemps que la persévérance des bons religieux a obtenu justice de la fourberie des Grecs, qui avaient dérobé l'étoile avec l'antique inscription qui, mieux que tous les diplômes du monde, attestait la possession immémoriale des Latins. Enfin, la draperie qui décore la grotte tombe en lambeaux ; mais il faudrait pour la remplacer un firman du grand seigneur, que les Grecs empêchent d'obtenir. Toutes ces taquineries sont bien misérables, j'en conviens ; mais, quand on veut savoir ce qu'a été jusqu'à ce jour la position des Franciscains en Terre sainte, il faut bien s'abaisser à ces détails, que les esprits superbes affectent de dédaigner, et dont ils ne parlent qu'en haussant les épaules. Les religieux comprennent mieux que personne tout ce qu'il y a d'humiliant, je ne dis pas seulement pour eux, mais pour l'Eglise, dans ces querelles, en apparence puériles, que leur suscite la mauvaise foi des schismatiques ; l'un d'eux m'expliquait à Jérusalem comme quoi un clou de plus ou de moins dans une chapelle est une affaire majeure ; après le clou vient le tableau, et quand une fois les Grecs ont suspendu à un pilier un vieux cadre au milieu duquel s'étale quelqu'une de ces images peu gracieuses dont le type s'est traditionnellement conservé parmi eux, ils disent effrontément que le lieu leur appartient et leur a toujours appartenu. Ils marchent ainsi à petits pas, mais ils avancent toujours sans se laisser jamais décourager par les échecs.

C'est à la vigilance des Franciscains, à leur courage d'autant plus méritoire qu'il est plus ignoré, que les Latins doivent de posséder encore des sanctuaires en Palestine. Espérons que l'heure de la justice est enfin venue. Les ennemis de l'Eglise seraient-ils donc les seuls à comprendre que l'influence politique en Orient est complétement subordonnée à la question religieuse, et que, pour y parler en maître, il faut avoir une foi nette et bien définie. L'événement le plus considérable et le plus heureux pour les Latins qui, depuis des siècles peut-être, se soit accompli à Jérusalem, est sans contredit le pèlerinage du frère de l'empereur d'Autriche. L'archiduc a montré l'influence qu'une conduite simplement chrétienne peut acquérir à un prince qui né rougît pas de sa foi. Les Arabes l'ont vu s'agenouiller dans les rues de Jérusalem, faisant en plein jour les stations du chemin de la croix. Voilà un vrai chrétien, ont-ils dit. En voyant passer d'autres princes, ils ont pu les regarder avec curiosité ; celui-là, ils l'ont contemplé avec respect. Que l'on ne s'y trompe pas, les musulmans, sans doute, haïssent notre religion, mais ils méprisent souverainement notre insouciance religieuse, tranchons le mot, notre incrédulité. Il y a dans la force un remède à la haine, mais il n'y en a point au mépris. Un homme sensé me disait, en Terre sainte : « Ici, un Européen qui n'est » pas chrétien fera bien de faire semblant de l'être, s'il veut jouir de » quelque considération. »

Au reste, il est bien avéré maintenant que l'obstacle à l'influence de Latins en Palestine, et même, on peut le dire, dans tout l'Orient, ne viendra pas du côté des musulmans ; le temps n'est plus où les Turcs faisaient chauffer leurs fours pour y jeter les religieux de Saint-François. Peut-être encore voit-on des tribus d'Arabes pillards rançonner des chrétientés ; mais le vrai danger est du côté des Grecs. La haine des Latins est toujours aussi vivace au sein de cette race indéchiffrable, qu'aucun malheur n'a pu instruire jusqu'à ce jour. Leur symbole est à peu de chose près le même que le nôtre ; il faut, pour saisir la limite qui les sépare de nous, descendre sur le terrrain des distinctions subtiles, et pourtant ils sont en fait séparés de nous par une montagne de haines et de préjugés. Il m'arriva, à Bethléem, en passant à côté de leur autel, qui s'élève au milieu du transept de la grande église, de demander à un moine grec qui était là si le très Saint Sacrement se trouvait renfermé dans le tabernacle que je voyais sur l'autel. « *Sì*, me dit-il, *ma c' è il Santissimo dei Greci*. — Mais, repris-je, il me semble que le Saint Sacrement des Grecs est le même que celui des Latins. » Le moine ouvrit de grands yeux, sans paraître apprécier ni même comprendre l'esprit de conciliation qui m'avait dicté ces paroles.

Ne crois pas toutefois que l'on soit constamment poursuivi en Palestine par la triste pensée des divisions qui déchirent le sein de l'Eglise et qui déshonoreraient, si la chose était possible, les lieux les plus saints de la terre. La grotte de Bethléem a particulièrement le privilége de faire oublier les passions qui agitent et divisent les hommes. Le mystère du Verbe incarné ne cesse de revivre dans l'étroit espace où il s'est accompli ; la petitesse du lieu, contrastant avec la grandeur du souvenir, retrace vivement les abaissements du Dieu infini s'unissant à notre misérable nature. Il faut se prosterner péniblement pour baiser la première empreinte que le Dieu enfant a imprimée sur la terre ; à deux pas de là, voici dans le rocher le creux qui contenait la crèche où il fut déposé par sa mère ; le lieu est trop étroit pour que l'on ait pu y dresser un autel ; c'est dans l'angle de la grotte qui fait face à la crèche que l'on offre le saint sacrifice, c'est là que les Mages se sont prosternés et qu'ils ont déposé leurs offrandes. C'est là que j'ai eu le bonheur d'offrir la Victime sainte. C'était un dimanche ; les pauvres frères de Saint-François entouraient l'autel, et c'est ma main qui leur distribuait le pain de vie enveloppé dans les voiles du pain matériel. Que Dieu est grand dans ses abaissements, mais surtout qu'il est aimable ! *Parvus Dominus et amabilis nimis !* Qu'ils sont à plaindre ceux qui n'ont pas la foi ! Ils ne connaissent ni ce qu'il y a de plus beau, ni ce qu'il y a de meilleur.

Il fallait pourtant quitter Bethléem ; le départ fut triste ; la pensée des bons Franciscains et de leur cordiale hospitalité était bien pour quelque chose dans nos regrets. Notre petite caravane avait été l'objet des attentions les plus bienveillantes; nous partions comblés de toutes les reliques qui pouvaient nous rappeler le souvenir des lieux que nous avions visités. Au moment du départ, un frère dont l'emploi avait été autrefois à Jérusalem de tailler les oliviers du jardin de Gethsémani, me glissait discrètement dans la main un gros morceau de ce bois précieux et singulièrement envié des pèlerins. Je plains de tout mon cœur les trop nombreux voyageurs qu'une ignorance absolue de la langue italienne empêche de se mettre en rapport avec les religieux de Terre sainte ; ils verraient qu'une robe de bure abrite souvent une intelligence distinguée, et que là même où l'écorce est vulgaire, une piété vraie s'unit à une charité sincère.

De Bethléem nous retournions à Jérusalem, en passant par le monastère de Saint-Sabas. Quelques heures seulement d'une route facile et pittoresque séparent Bethléem de Saint-Sabas; on ne quitte guère des plateaux élevés, où l'on a constamment sous les yeux la chaîne des monts de l'Arabie au delà de la mer Morte. Le seul incident de notre voyage fut la rencontre d'un camp de Bédouins, dont les tentes noires se dressaient sur le flanc d'une colline. Dès qu'ils aperçurent notre caravane, ils se hâtèrent de sortir de leur tente, le fusil sur l'épaule, sans autre intention que de nous souhaiter la bienvenue et d'obtenir quelque monnaie. Les Arabes ont singulièrement perdu dans mon estime depuis que je les ai vus s'abaisser au rôle de mendiants vulgaires. Passe encore pour des brigands qui vous dévalisent; mais la simple mendicité, de quelque nom que vous la décoriez, qu'elle s'appelle la *bottiglia*, ou la *buona mano*, ou le *batchis*, fait toujours un effet disgracieux dans le paysage. Les Arabes en particulier m'ont semblé le peuple le plus mendiant de la terre; leur cupidité ne connaît ni trêve ni limites; ils savent toutes les petites industries au moyen desquelles on exploite les voyageurs. Une de ces industries consiste à galoper autour de la caravane le fusil en l'air, en formant des cercles et des demi-cercles, et en arrêtant subitement leur cheval lancé au grand galop. Cela s'appelle de la *fantasia*. Quand le tour est fait, ils viennent quêter le *batchis*. Je trouve, pour mon compte, que l'Arabe vu de loin et se dessinant sur un sentier de montagne, avec sa longue lance et le voile jaune qui flotte autour de sa tête, produit un effet pittoresque; mais l'Arabe apprivoisé par la visite fréquente des caravanes et se donnant en spectacle aux voyageurs, produit sur moi la même impression qu'un montagnard de la vallée de Chamounix posté artistement au détour d'un sentier pour recueillir quelques sous en échange d'un air soufflé dans ses pipeaux rustiques. L'Arabe vu de près n'a rien d'attrayant. Je ne comprends pas quelle sorte de domination régulière on pourrait jamais exercer sur ces hordes sauvages et insaisissables. C'est toujours la race d'Ismaël, de laquelle il a été dit : *Manus ejus contra omnes, et manus omnium contra eum.* Ils détestent nos usages et notre religion, ils n'apprécient que notre argent. Tout cela est instinctif chez eux, car ils ne connaissent guère que l'instinct. Je ne parle ici que de l'Arabe du désert qui vit sous la tente; quant à ceux qui habitent des villages et qui appartiennent à la classe des fellahs, je ne les crois pas plus incapables que tout autre peuple incivilisé de subir avec le temps l'influence du christianisme.

A midi, nous arrivions sous les murs de Saint-Sabas, en compagnie de nos Bédouins. Après avoir frappé assez longtemps à la porte du monastère, nous vîmes descendre un panier qui devait recevoir notre laissez-passer, c'est-à-dire une lettre du patriarche grec, dont nous avions eu soin de nous munir à Jérusalem. Cette formalité préalable, exigée par les moines, est de simple prudence dans un désert qui est souvent infesté par des brigands de la pire espèce. Un instant après, la porte de fer s'ouvrit pour nous donner passage.

Le couvent de Saint-Sabas rappelle les plus anciens souvenirs de la vie érémitique en Palestine. Le désert dans lequel il s'élève servit d'asile, au commencement du VIe siècle, aux anachorètes persécutés par les hérétiques et les barbares. On distingue dans les rochers qui s'élèvent à pic au-dessus du torrent desséché de Cédron de nombreuses cavernes, dans lesquelles vivaient les solitaires. Quaresmius dit qu'il y en avait dix mille vers le milieu du Ve siècle. Aujourd'hui ils sont, je crois, peu nombreux. Je dis cela sans avoir à cet égard aucun renseignement positif: car, pendant les quelques heures que nous passâmes à Saint-Sabas, les moines ne nous révélèrent point leur présence. Hormis un frère qui nous servit avec empressement les rafraîchissements dont nous avions grand besoin, nous n'aperçûmes pas âme qui vive. Tout était silence et solitude dans la grande église, ornée avec profusion de dorures et de tableaux, dans les cellules, sur les terrasses superposées les unes aux autres. Le soleil, dont les rayons brûlants dardaient à plomb sur cet ensemble irrégulier de constructions de toute grandeur, paraissait comme le seul être vivant de cette solitude, qu'il inondait de ses feux. Je bravais leur ardeur pour satisfaire ma curiosité, et je finis par découvrir un long corridor taillé dans le roc vif et qui aboutissait à une étroite cellule. L'anachorète étant absent, je pus tout à mon aise faire l'inventaire de son mobilier. Il se composait d'une planche étroite sur laquelle gisaient en désordre une sorte d'oreiller et une couverture dont les lambeaux attestaient le long usage, d'un pupitre sur lequel le ménologe était ouvert au saint dont la fête tombait ce jour-là, et de quelques papiers tout fraîchement couverts d'une écriture que je renonçai à déchiffrer. Sur le mur, au pied du lit, se dressait la terrible image d'un ange tenant une longue chaîne entre ses mains : saint Michel, sans doute, s'apprêtant à enchaîner le démon. Ces simples objets me touchèrent vivement; ils résumèrent pour moi comme en un vif tableau tout ce que la tradition nous apprend de la vie des anciens anachorètes; la prière, le travail, la société des anges, la lutte contre les puissances des ténèbres, voilà quels étaient les passe-temps de ces hommes qui vivaient dans le monde comme si le monde eût cessé d'exister pour eux. Je trouvais un charme particulier à rencontrer ces souvenirs vivants au fond de la cellule d'un moine grec schismatique. Dieu, dans sa sagesse, a voulu que ces pauvres aveugles, tout en demeurant en dehors de l'unique bercail, conservassent avec une invincible tenacité les traditions des siècles les plus reculés du christianisme. Ils sont, dans un camp ennemi de l'Eglise, des témoins de la vérité, qui descend pour nous de la chaire apostolique. Et puis, ne craignons pas de le dire, ce dessein de sagesse est encore un dessein de miséricorde; ce que les grecs ont conservé de la vérité doit un jour les ramener à la connaissance de la vérité tout entière. Il n'est pas possible que des hommes qui sont si près de nous, dont le symbole ne diffère du nôtre que par des subtilités imperceptibles, n'acceptent pas une bonne fois la main que l'Eglise, comme une tendre mère, n'a jamais cessé de leur offrir. Ils reviendront certainement au bercail, mais quand? mais par quel enchaînement d'événements redoutables qui laveront des haines séculaires et bouleverseront de nouveau une terre déjà tant de fois bouleversée?

Dieu seul le sait ; car, si tous les événements de ce monde, depuis le plus grand jusqu'au plus petit, sont entre les mains de la Providence, à plus forte raison ceux qui ont pour conséquence le rapprochement des âmes et leur réconciliation dans l'unité d'une même foi. Pour moi, je ne vois pas d'autre solution à ce que l'on appelle la question d'Orient. Il y a dans cette question un nœud plus difficile à trancher que le nœud gordien ; ce nœud, si c'est le glaive qui doit en avoir raison, ce ne sera pas le glaive d'un seul homme. Mais déjà l'épée est sortie du fourreau ; espérons que le sang qui commence à couler et celui qui coulera encore fera germer de terre autre chose que de vains trophées. Dieu, je l'espère, je le crois fermement, parlera un jour plus haut que les diplomates. Plus d'une fois déjà, dans l'histoire du monde, nous avons vu l'effusion du sang humain, la guerre et son cortége d'horreurs, devenir entre ses mains un instrument de miséricorde et l'aurore de la lumière : *Sine sanguinis effusione non fit remissio*.

Après une courte prière dans une petite chapelle dédiée à saint Sabas et au tombeau des quarante-quatre martyrs massacrés dans le couvent à l'époque de la prise de Jérusalem par Chosroès, notre caravane s'ébranla pour retourner à Jérusalem. Nous retrouvâmes à la porte du couvent les Arabes qui nous avaient si gracieusement accompagnés le matin. Le chef de la tribu se mit en devoir de tenir mon étrier pendant que j'enfourchais ma monture ; il espérait sans doute toucher mon cœur par cette attention délicate. Je préférai le rappeler au sentiment de sa dignité ; je serrai amicalement la main noire qu'il me tendait, et je partis au galop, en lui envoyant le salut le plus gracieux.

De Saint-Sabas à Jérusalem, la route est l'une des plus belles que l'on rencontre en Palestine. Par une attention que je n'ai retrouvée nulle part ailleurs, on a eu soin de garnir de parapets le bord qui longe le précipice. Il est vrai que cette route est suspendue sur un abîme effrayant. Le Cédron, qui vient de Jérusalem, s'encaisse, près de Saint-Sabas, entre deux montagnes qui forment une gorge étroite et profonde ; rien n'égale l'horreur de ce gouffre, dont aucun brin d'herbe n'adoucit les teintes couleur de feu et ne revêt les flancs déchirés. Point d'eau, sinon en hiver, dans le lit du torrent ; le silence de ces lieux désolés n'est interrompu que par le cri des oiseaux de proie. Un coup de fusil, répété par de nombreux échos, peupla en un instant ce désert d'une foule de ces affreuses bêtes. On les voyait sortir de leurs trous de rochers et voltiger en tournoyant, au milieu de ces abîmes dont pas un être vivant ne leur dispute l'empire.

Peu à peu la vallée s'élargit, à mesure que l'on approche de Jérusalem. Au bout de deux heures, nous arrivions au pied du mont Sion, et après avoir cheminé quelques heures dans la profonde vallée de Géhon, nous remontions vers les remparts de la ville pour y rentrer par la porte de Bethléem.

V.

Rome, 23 décembre 1855.

Mon cher Louis, si la vie du pèlerin a ses joies et ses joies profondes, elle a bien aussi ses douleurs. Par ce mot douleur, je n'entends point les fatigues du voyage; ces fatigues ont en Palestine un charme pieux, que l'on ne désire point échanger contre le bien-être et les agréments faciles du voyage en France ou en Allemagne. S'il faut se plaindre de quelque chose, c'est plutôt des facilités nouvelles que les voyageurs, mille fois plus nombreux aujourd'hui qu'ils ne l'étaient jadis, ont importées d'Europe en Terre sainte. Sur cette terre, où le divin Maître ne trouvait pas à reposer sa tête, où Jacob, figurant, bien des siècles auparavant, le dénuement du Sauveur, ne rencontrait à l'heure de son étape qu'une pierre pour appuyer la sienne, on rougit d'avoir à sa disposition une bonne tente dressée chaque soir, non loin d'une fontaine, dans cette tente un lit, un vrai lit, avec matelas, couverture, draps et oreiller, par dessus le marché une soupe bien chaude et des ragoûts cuits à point. Tout cela est misérable et fait oublier la Bible. Mais enfin c'est ainsi; il faut bien en prendre son parti, accepter les choses telles que la civilisation les a faites et se résigner.

Donc, première douleur, celle de n'avoir à peu près rien à souffrir. La seconde, qui est, j'en conviens, plus réelle et plus fortement sentie, c'est de n'avoir que des instants à passer dans ces lieux bénis, dont la vertu ne peut être bien goûtée que par celui qui les contemple à loisir et qui se recueille pour méditer sur les mystères qui s'y sont accomplis. Ici l'imagination ne doit pas faire tous les frais, il faut que la mémoire travaille, que les souvenirs se détachent de cette sorte de vague dans lequel ils se confondent, pour aller se poser sur chacune de ces pierres qui ont conservé une empreinte divine. Alors seulement l'intelligence est satisfaite et le cœur est ému.

Mais quand on n'a pas le loisir de fouiller dans les entrailles de la terre pour lui dérober ses trésors, il faut se contenter de ramasser les paillettes d'or que le flot rapide entraîne avec lui.

Disons donc encore une fois adieu à Jérusalem. Le supérieur du couvent de Saint-Sauveur a eu l'obligeance de nous confier aux mains d'un bon guide : Mathias est quelque peu savant ; il a vu, en compagnie de M. de Saulcy, quelque chose comme les ruines de Sodome, au fond des noirs abîmes de la mer Morte. Voici que nous partons avec lui pour visiter ces rivages maudits ; puis nous verrons le Jourdain, puis nous camperons sur les ruines de Jéricho, non loin du mont de la Quarantaine. C'est le désert que nous allons visiter ; là encore, là surtout nous retrouverons les vestiges de Dieu.

Toutefois, avant de partir, nous eûmes soin de nous munir de nos passeports. J'entends par passeports, deux Arabes qui, moyennant une somme peu considérable, se mirent à la disposition de notre caravane pour la protéger. Cette précaution a quelque chose de plus régulier qu'il ne semble au premier abord. Ce serait trop exiger du gouvernement turc que de lui demander de pourvoir également à la sécurité de toutes les parties de la Palestine. La contrée que nous allions traverser est à peu près complétement inhabitée : elle appartient aux Arabes du désert, qui en cultivent une faible portion. Il n'y a rien de bien humiliant à payer un petit impôt aux seigneurs du pays. Une fois ce devoir accompli, on n'a plus rien à craindre. Les Arabes qui vous accompagnent ne sont point destinés à vous protéger contre des périls que vous êtes certains de ne pas rencontrer : ils sont là seulement pour constater, par leur présence, le laissez-passer accordé par le chef de la tribu.

De Jérusalem à Jéricho on suit la route sur laquelle Notre Seigneur a placé la scène du bon Samaritain. Rien ne ressemble plus à un coupe-gorge que ce chemin tracé entre deux monts escarpés dont quelques ruines couronnent les sommets. Après trois heures de marche, l'horizon se déploie, et l'on descend dans la vallée du Jourdain.

Nos tentes furent dressées de bonne heure au bord d'un ruisseau qui sort de la fontaine d'Elisée, au pied du mont de la Quarantaine, non loin des ruines de Jéricho.

Une heure avant le coucher du soleil, je montai sur une petite colline qui dominait notre campement. Mes yeux embrassaient l'immense vallée qui s'étend depuis le bassin du lac de Tibériade jusqu'à celui de la mer Morte. Au milieu de cette vallée, coule le fleuve qui fait communiquer ensemble les deux lacs. C'est donc là que Jean-Baptiste a prêché le baptême de la pénitence ; il fut la voix qui cria dans ce désert. C'est là que venait, de Jérusalem, de la Judée et des pays environnants, cette multitude dont parle saint Matthieu. C'est là qu'elle recevait le baptême de la main de Jean. Et cette montagne qui dresse vers le ciel son sommet aride, surmonté des ruines d'une chapelle, elle vit un jour le Dieu fait homme descendre par l'un de ces âpres sentiers qui se dessinent dans ses flancs. Une caverne l'avait abrité pendant quarante jours et quarante nuits ; il y avait jeûné et prié. C'est là que le démon s'était approché de lui pour le tenter et que les anges avaient apaisé sa faim. Il venait, après trente années d'une vie obscure et laborieuse, passée à quelques journées de là, dans la demeure d'un pauvre artisan, renouveler les prodiges de la toute-puissance sur ces rives qui avaient vu le Jourdain remonter vers sa source et les murailles de Jéricho tomber au son des trompettes. Il commençait par s'humilier devant les hommes, et, confondu parmi cette foule, au lieu, peut-être, où l'arche sainte, portée par la main des prêtres d'Israël, s'était autrefois reposée, il voulait recevoir le baptême de Jean.

Toutes ces grandes scènes de l'ancien et du nouveau Testament venaient se mouvoir sous mes yeux, au milieu de cet immense horizon. Ici plus qu'ailleurs, la solitude parle de Dieu, et les cieux racontent ses merveilles. Le désert peuplé de ses souvenirs devient comme un sanctuaire dans lequel rien ne vous distrait de sa pensée. Tout vestige humain a disparu; la plaine sablonneuse et uniforme fuit au loin; vers la montagne, les teintes mystérieuses du soleil couchant agrandissent la perspective des sommets qui s'étendent au delà du vallon maudit que Dieu visita un jour dans sa colère. Dieu règne encore dans ces régions dévastées. La montagne nous redit ses souffrances et ses épreuves, la mer sa justice, le fleuve cette vertu miséricordieuse qui a purifié le monde; le ciel, enfin, entrouvert jadis à cet endroit, nous raconte la gloire qui éclata sur sa tête.

Quelle place y a-t-il pour la demeure de l'homme sur cette Terre qui doit garder l'empreinte de Dieu? La grandeur des souvenirs suffit à la peupler.

Et puis ne faut-il pas encore que le regard de l'homme rencontre le signe de la malédiction qui est tombée sur les villes coupables ? Au lieu où fut Sodome, s'étendent les eaux ternes et pestilentielles de la mer Morte. Ces eaux ne recèlent aucun être vivant. Jéricho, elle aussi, a été vouée à l'anathème. Josué prononça contre elle cette imprécation : « Maudit soit devant Jéhovah l'homme qui relèvera et rebâtira
» cette ville; que son premier-né meure lorsqu'il en jettera les fon-
» ments, et qu'il perde le dernier de ses enfants lorsqu'il en posera
» les portes! » Nous voyons au livre des Rois que cette prédiction s'accomplit à la lettre, sous le règne d'Achab, sur les enfants d'Héli et de Béthel. Aujourd'hui, on cherche les ruines de Jéricho, et les

sentiments sont partagés sur l'emplacement qu'on doit lui assigner.

Mais, en face de ces souvenirs de châtiments, le regard peut se reposer sur un tableau consolant. Le Jourdain roule encore ses eaux bienfaisantes sur le lit dans lequel il roulait au temps de Notre Seigneur, au temps de Josué; une riche verdure orne ses rives. La fontaine d'Elisée, ainsi nommée parce que le prophète changea en douceur l'amertume de ses eaux, offre encore au voyageur un précieux oasis au milieu de la plaine brûlante. Elle est ombragée de beaux et grands arbres. Le sel qui, répandu par la main du prophète, rendit à cette source la vertu d'apaiser la soif et de féconder la terre, figurait sans doute cette vertu surnaturelle et mystérieuse que le Messie devait un jour communiquer aux eaux pour les faire servir à la régénération du monde. Lorsqu'après avoir été dévoré par les ardeurs d'un brûlant soleil, on vient se désaltérer à ces eaux limpides, c'est un bonheur de penser que Dieu leur a conservé leur douceur pour perpétuer sous les yeux des hommes un témoignage de l'action bienfaisante de sa grâce.

Le lendemain 26, à 3 heures du matin, notre caravane se mettait en route pour visiter la mer Morte et les rives du Jourdain. La nuit brillait, comme l'aube du jour sous notre ciel du Nord. Je levais les yeux vers les monts de la Moabie pour surprendre le premier rayon du soleil. Le géant qui devait nous dévorer pendant la journée tout entière parut enfin. A la lumière blanche du firmament, succéda peu à peu une lueur d'or qui inondait au loin l'horizon et faisait ressortir les ombres profondes des montagnes. Il fallut courber la tête et se résigner à subir les inconvénients de cette merveille.

Je renonce à te décrire les accidents géologiques du bassin de la mer Morte. Je dirais volontiers, comme M. de Lamartine, « qu'en face de cette nature étrange, toute composée de bitume, de sel, de pierres volcaniques, je n'éprouvais aucune tentation de faire de la science. » Mais, après cette modeste profession de foi, je n'ajouterai point comme lui qu'il est inutile de rechercher un miracle, par la raison que miracle et nature c'est tout un. J'aime mieux laisser chaque chose à sa place, la science d'abord entre les mains des savants, et puis l'action miraculeuse de Dieu au-dessus des lois ordinaires de sa providence. Les savants ont étudié, comme ils en avaient le droit, l'énorme dépression du bassin de la mer Morte, dont le niveau est de 1341 pieds au-dessous du niveau de la Méditerranée. Plusieurs, et des plus autorisés, sont arrivés à cette conclusion : Que la science reconnaît comme très probables les données de la Bible sur les événements de Sodome et de Gomorrhe. Pour moi, qui ne suis point un savant, je me contente de dire que lorsque j'aperçois dans la nature quelque chose qui a l'apparence du désordre, je suis trop heureux d'en trouver une explication surnaturelle et de rencontrer le doigt de Dieu, qui trouble le monde pour obliger l'homme à élever les yeux vers le ciel. Sur les rives dévastées de la mer Morte, j'aime à écouter une voix qui me parle de châtiment. Je suis loin de dédaigner la science, qui peut fort bien, sans être pour cela sceptique, se demander comment les choses se sont passées ; mais quand la voix des peuples, s'appuyant sur le témoignage de la sainte Ecriture, m'indique la colère de Dieu comme cause directe de ces bouleversements, ma raison est plus satisfaite ; elle a compris quelque chose de plus que le comment de l'acte ; elle en a saisi la moralité.

Singulière manie que celle de refuser à Dieu le droit d'intervenir de deux manières différentes dans les affaires de ce monde : l'une par un ordre régulier, par une loi déterminée d'avance ; l'autre par des accidents imprévus, qui font exception à la règle ordinaire. Dieu, sans doute, n'est absent nulle part ; il est aussi puissant lorsqu'il fait couler les fleuves dans les vallées que lorsqu'il les fait remonter vers leur source, lorsqu'il lance le soleil dans l'espace en lui traçant la route qu'il doit suivre que lorsqu'il l'arrête à la voix de Josué. Mais, de peur que nous n'arrivions à transformer en dieux ces créatures qui, dans leur ordre sublime, nous retracent si vivement sa sagesse, il lui a plu à diverses reprises de suspendre la loi, de la briser, et cela afin de bien constater qu'au-dessus de l'ordre de la nature, il est un autre ordre qui la domine sans lui être jamais assujéti, et que celui qui a tracé aux êtres leur loi, n'en connaît lui-même pas d'autres que sa propre volonté.

Voilà l'épreuve de la foi et l'écueil contre lequel l'orgueil vient se briser. Reconnaître dans le monde matériel ce souverain domaine de Dieu, c'est lui donner le droit d'intervenir, quand et comme il lui plaît, dans le monde des esprits, de les diriger suivant son bon plaisir, et de leur marquer la fin vers laquelle ils doivent tendre ; c'est, en un mot, ratifier d'avance le dessein que Dieu pourrait avoir de nous faire sortir de l'ordre de la nature pour nous introduire dans l'ordre de la grâce, c'est-à-dire dans l'ordre surnaturel.

Ainsi, les ennemis de l'ordre surnaturel ont travaillé de tout temps à infirmer les miracles opérés dans l'ordre matériel ; et leurs efforts se sont principalement portés sur l'histoire de ce petit coin du monde que Dieu s'était réservé pour y manifester son souverain domaine sur toute créature.

L'histoire du peuple juif est, en effet, un miracle continuel, une intervention visiblement directe de Dieu dans les affaires de ce monde, et, comme nous l'apprend saint Paul, une image de l'action surnaturelle que le Rédempteur devait exercer sur les âmes. Aussi, l'on s'est acharné sur cette histoire; les uns l'ont niée en dépit de ses monuments et de sa tradition vivante; les autres l'ont expliquée de manière à en faire disparaître le merveilleux. Enfin, l'on a imaginé, pour s'en débarrasser, d'en faire un roman dont les personnages imaginaires se perdent dans les nuages d'un âge fabuleux. Et il ne faut pas croire que ces vieilles idées voltairiennes ou ces étranges systèmes allemands soient sans influence sur des esprits même chrétiens. J'ai vu des hommes qui pensaient avoir une foi irréprochable, et qui ne concevaient pas que l'on crût encore à la baleine de Jonas ou au soleil arrêté par Josué. Il faut dire, à leur décharge, qu'ils ignoraient à peu près complétement l'histoire du peuple de Dieu. Hélas! combien sont ainsi faits : *Quœcumque ignorant blasphemant !*

C'est là, du reste, une des choses qui me font espérer que le mal n'est pas si grand qu'on pourrait le croire. Il serait grand temps, ce me semble, de substituer, dans l'enseignement des peuples, aux harmonies poétiques, philosophiques, sociales et religieuses, le catéchisme et l'histoire de l'ancien et du nouveau Testament. De cette manière, on ferait véritablement pénétrer la lumière dans les esprits. L'Evangile a besoin d'une nouvelle révélation, disons mieux, d'une nouvelle prédication. Nous ne sommes plus au temps où l'on attaquait les dogmes devant une société instruite qui les connaissait à fond. Voltaire, lui, savait sa Bible par cœur et son catéchisme dans la perfection, et voilà pourquoi le mauvais drôle était incorrigible.

Quant à Lamartine, pour en revenir à lui, il est plus coupable que bien d'autres; car, lui aussi, sans être un bien profond théologien, il connaît un peu l'histoire sainte. Il se rappelle volontiers les belles images du gros livre que, tout enfant, il feuilletait sur les genoux de sa mère; il les replace souvent avec bonheur dans les lieux qu'il parcourt. Mais il n'en a pas moins méconnu le Dieu que lui enseignait sa mère. Son imagination sensuelle, qui saisit si bien le spectacle des beautés naturelles, a été séduite par la doctrine impie qui a cours chez les lettrés. Cette doctrine, pour détruire l'ordre de la grâce, le confond à dessein avec l'ordre de la nature. En donnant à l'homme la faculté de s'élever jusqu'à Dieu sans autre secours que ses forces naturelles, elle efface toutes les limites qui séparent Dieu et l'homme, et rabaisse l'action de l'Etre tout puissant au niveau des accidents naturels. Je ne vois pas trop ce que l'humanité peut gagner à cela en grandeur et en poésie; mais je sens vivement l'outrage qui est fait à

Dieu par cet *insecte pensant*, pour me servir d'une expression de Lamartine, qui se croit permis de rabaisser Dieu jusqu'aux proportions du brin d'herbe sur lequel il rampe. Dieu est plus grand dans la sphère glorieuse où la foi nous permet de l'entrevoir et nous élève jusqu'à lui, que dans les limites étroites où nous prétendrions l'enfermer. Laissons-lui le soin de s'abaisser jusqu'à nous et d'inventer les opprobres qui doivent nous réconcilier avec lui.

Pardon, mon cher Louis, si Lamartine m'a entraîné si loin; j'avais besoin de te dire ce que j'ai sur le cœur contre cette pauvre intelligence fourvoyée, qui nous a gâté plus d'un bon chrétien. Voltaire! mais on s'en défie, mais tout le monde n'ose pas le lire; je dis tout le monde, sauf les exceptions plus nombreuses que l'on ne pense, mais sa mauvaise foi ne tient pas devant la réflexion. Une chose plaît en lui, c'est son esprit si gaulois. Lamartine! on ne s'en méfie pas. Son cœur heureusement doué se plaît à confondre dans un style plein de charmes les sentiments les plus nobles avec les théories les plus fausses, parfois même avec les instincts les plus matériels. C'est une coupe empoisonnée; l'attrait n'est pas seulement dans le vase, il est encore dans la liqueur, où l'âcreté du poison se perd dans la douceur du miel. Ainsi, pour ne citer qu'un exemple entre mille, M. de Lamartine entre au saint Sépulcre, il se souvient de sa foi d'enfant; il n'a pas oublié les premiers noms que ses lèvres ont balbutiés; il oublie de dire que plus tard sa voix les a aussi chantés; autour de ces noms sacrés, il groupe de la manière la plus touchante les souvenirs de son père, de sa mère, de ses amis; il prie pendant longtemps. Mais, si vous êtes chrétien, il ne vous est pas permis de prier avec lui; sa prière est la prière d'un sceptique, et, s'il va jamais à la Mecque, il pourra redire sur le tombeau de Mahomet une partie des choses qu'il a dites sur le sépulcre de Jésus-Christ.

Et voilà le livre avec lequel bon nombre de chrétiens se préparent à faire le voyage de Terre sainte! Faut-il s'étonner des étranges réflexions que l'on entend sortir de leur bouche?

D'autres pensées m'occupaient lorsqu'après avoir quitté le rivage de la mer Morte, nous nous dirigions, à travers des dunes sablonneuses blanchies par les émanations salines de la mer, vers la partie du Jourdain où nous devions offrir le saint sacrifice de la messe. Deux jours auparavant, j'avais appris la mort de notre chère tante(1). Je n'avais

(1) Mme la comtesse de Laurencin, morte à Besançon le 2 septembre 1855, après une admirable vie consacrée au service de Dieu et des pauvres.

(N. du R.)

pu, avant mon départ de Jérusalem, dire la messe pour le repos de son âme; j'avais dû me contenter de déposer mon offrande sur le saint Sépulcre, afin que la vertu du tombeau du Sauveur allât visiter cette chère dépouille dans sa tombe à peine fermée. Chaque jour, pendant qu'elle vivait, je portais son souvenir à l'autel, et je resserrais ainsi devant Dieu les liens de parenté spirituelle que son filleul avait contractés avec elle au baptême. Aujourd'hui, j'allais pour la première fois remplir envers elle un autre devoir, et la main de Dieu me conduisait pour l'accomplir aux lieux que Notre Seigneur a choisis pour recevoir le baptême de Jean, pour instituer même, selon quelques-uns, le sacrement qui devait régénérer nos âmes. Dieu l'avait placée comme un ange protecteur au seuil de ma vie chrétienne, et j'allais, transporté par la pensée, sur le bord de sa tombe, apppliquer à son âme la vertu du Sang précieux, le même qui nous régénère à notre naissance et qui efface les moindres fautes après notre mort.

Je me rappelais encore un souhait peu ordinaire et tout surnaturel que notre tante se plaisait à répéter souvent pendant sa vie. Elle avait trop bien connu la souffrance pour n'être pas arrivée à l'aimer, ainsi qu'il arrive infailliblement aux âmes d'élite que le Sauveur appelle à marcher de plus près sur ses traces. Elle en était venue à ne souhaiter que la souffrance au delà de ce monde, et à regarder le purgatoire comme un lieu de délices. « Là au moins, disait-elle, on est assuré de » ne plus offenser Dieu ! » Plus heureuse que nous ne le serons un jour, elle a fait sans doute la plus grande partie de son purgatoire en ce monde. Mais Dieu, qui voit des taches dans ses saints, ne nous a révélé ni tous les secrets de sa miséricorde, ni tous ceux de sa justice. Après le pardon accordé, il n'en exige pas moins la réparation des moindres offenses pour admettre au sein de cette gloire devant laquelle nulle tache, si petite qu'elle soit, ne peut subsister.

Je te fais grâce des détails de notre halte au bord du Jourdain. Après avoir pris un bain dans le courant peu profond, mais très rapide, après avoir déjeuné, bu avec délices une quantité prodigieuse de cette eau, dont la saveur est très agréable, nous songeâmes, non sans regret, au retour. Il paraît qu'il n'eût pas été prudent de laisser aux Arabes de l'autre rive le temps de nous découvrir et de venir nous visiter. Nos passeports n'étaient point visés pour la contrée au delà du Jourdain. Nous reprîmes donc avec résignation le chemin du campement de la veille, et, après avoir subi pendant trois heures un soleil dont les ardeurs ne laissaient rien à désirer, nous retrouvâmes la fontaine d'Elisée et nos tentes, qui nous attendaient.

Le lendemain, à deux heures du matin, nous partions pour revoir encore une fois Jérusalem et lui dire un dernier adieu.

Je m'arrêtai quelques instants près de Jérusalem, à Béthanie. Ce petit village, habité seulement par des Arabes, conserve les touchants souvenirs du séjour que le Sauveur aimait à y faire. C'est là qu'il se reposait dans la maison de Marthe et de Marie; c'est là que, peu de temps avant sa mort, une femme répandait sur sa tête un vase rempli de parfum, un jour qu'il dînait chez Simon le Lépreux; c'est là, enfin, qu'il ressuscita Lazare, le frère de Marthe et de Marie. On visite à Béthanie le tombeau de Lazare ; c'est une grotte taillée dans le roc, qui paraît avoir été destinée à contenir plusieurs corps. On croit que sainte Hélène avait bâti une église sur ce tombeau.

Une bien douce surprise nous attendait à Jérusalem. La nouvelle de la prise de Sébastopol venait d'y arriver. Les Turcs se réjouissaient de la grande victoire remportée par les armes du sultan. Faut-il s'étonner après cela de la courtoisie dont ils font preuve envers les alliés de leur invincible maître? Nous en profitons sans trop de discrétion pour escalader les minarets ; perché sur l'une des petites galeries qui les surmontent, en compagnie d'un Franciscain, j'invitais le bon Père à chanter le muezzim, aux lieu et place du marabout. Pendant ce temps, les Grecs se consolent comme ils peuvent en donnant à la nouvelle tous les démentis dont ils s'avisent.

Les derniers instants de mon séjour à Jérusalem devaient être employés dévotement : je résolus de les passer au Saint-Sépulcre. J'allai m'y enfermer le soir, en compagnie des religieux que le couvent de Saint-Sauveur entretient continuellement dans une masure attenant à l'église, et qui sont là comme des soldats à leur poste, relevés à tour de rôle et veillant auprès du tombeau de Jésus-Christ. On me donna une cellule, que je quittai à onze heures du soir pour aller au chœur des religieux assister à leur office.

Je t'ai déjà raconté mes pénibles émotions pendant les quelques heures que j'ai veillé dans l'église. Mais je ne t'ai pas dit mes mésaventures. A deux heures du matin, je sortais de l'église pour regagner ma cellule, et je m'aventurais à tâtons dans les corridors obscurs du couvent. Je ne tardai pas à m'apercevoir que retrouver mon lit n'était pas chose si facile que je l'avais pensé. J'escaladais une rampe, puis je longeais un corridor, puis je me heurtais à la porte d'un pauvre religieux qui, à peine rendormi après sa veillée, s'imaginait sans doute que quelque infidèle avait pris à tâche de troubler un repos dont il avait grand besoin. Après avoir répété ce manége deux ou trois fois, je renonçai à prolonger des recherches infructueuses; j'avisai une porte restée ouverte ; c'était la sacristie. Il me parut que dans des conjonctures aussi embarrassantes, j'étais autorisé à me tirer d'affaire comme je pourrais. Un vieux meuble fut mon lit de camp, deux missels me servirent d'oreiller ; je m'endormis en songeant à Godefroi de Bouillon, dont la puissante épée reposait tout près de moi, dans le premier tiroir du buffet sur lequel j'étais couché. Je souhaite des nuits de ce genre à quelque prince chrétien, armé, comme autrefois saint Louis, pour la cause de Jésus-Christ et pour la conquête du saint Sépulcre.

Je n'ai pas besoin de dire que je dormis peu et me réveillai de bonne heure. Toutefois, j'avais été devancé au saint Sépulcre par un religieux, qui disait la première messe lorsque je pénétrai dans la chapelle. Je fus singulièrement touché de la foi du bon Père et de l'émotion qui accompagnait sa prière. Chaque jour, pourtant, il disait cette messe à la même heure. Le temps émousse d'ordinaire la vivacité des impressions, et, malgré cela, les sanglots arrêtaient la voix du religieux lorsqu'il redisait ces paroles de l'Evangile : *Surrexit, non est hic, ecce locus ubi posuerunt eum.* Il est vrai que rien ne saurait rendre l'effet produit par ces simples paroles, prononcées jadis par l'ange sur ce sépulcre même, et que le prêtre de Jésus-Christ redit en face de l'autel sur lequel, peu d'instants après, quatre mots tombés de sa bouche vont faire redescendre le Dieu ressuscité.

Quand le Père eut terminé sa messe, je m'approchai, moi aussi, du Sépulcre glorieux pour offrir la victime sainte. C'était mon dernier adieu à Jérusalem ; je réunis dans un plus tendre et plus étroit souvenir tous les noms qui me sont chers. Je suis bien certain que ces noms ont été recueillis par les anges qui entouraient l'autel. La vertu du tombeau du Sauveur n'est point toute renfermée dans la grotte étroite qui le contient. C'est un vestige de Dieu, qui participe à son immensité. La grâce, sous toutes ses formes, est le bien de tous ; la plus grande joie des enfants de l'Eglise est de supprimer les distances qui les séparent de ceux qu'ils aiment. Jésus-Christ est notre médiateur, j'allais dire notre milieu, non-seulement pour communiquer avec Dieu, mais encore pour communiquer entre nous.

Cela étant, mon cher Louis, je me place dans ce divin milieu pour t'embrasser le plus tendrement du monde.

VI.

Rome, 24 décembre 1855.

J'ai quitté Jérusalem le 29 septembre. Un de mes regrets, en laissant la ville sainte, fut de me séparer de mes compagnons de voyage, qui, effrayés de la longueur du chemin de Jérusalem à Beyrouth, ne voulaient en faire qu'une partie à pied. Désormais, j'unissais mes destinées à la caravane des pèlerins français, dont les projets s'accordaient exactement avec les miens.

J'étais seul en partant, avec un Arabe chrétien de Jérusalem : je voulais voir les sépulcres des Rois, aller jusqu'à Emmaüs, et rejoindre le soir la caravane, qui prenait la route directe de Nazareth. Permets-moi de ne te rien dire de mon excursion dans les grottes sépulcrales qui portent le nom de tombeaux des Rois. Leur description a été faite de la manière la plus détaillée par Châteaubriand dans son *Itinéraire*. On ignore d'ailleurs pourquoi ces grottes sépulcrales sont nommées tombeaux des Rois; ce n'est pas là, mais sur le mont Sion, dans un lieu dont l'accès est interdit, qu'il faudrait aller chercher le souvenir du tombeau de David et de la sépulture des rois de Juda.

En deux heures, je fus à Emmaüs, sans trop savoir si j'avais suivi pour y arriver le chemin sur lequel les deux disciples venant de Jérusalem furent rejoints par le Sauveur. Après une courte prière, faite sous les voûtes ruinées d'une ancienne église qui marque l'emplacement de l'hôtellerie dans laquelle Notre Seigneur se révéla aux regards de ses disciples, je remontai à cheval et commençai à gravir une montagne assez élevée, au sommet de laquelle se dressent les ruines de l'église et du couvent de Saint-Samuel. C'est là que la tradition place la sépulture du prophète. L'église et le couvent datent du moyen-âge. L'église est assez bien conservée, ce qui est fort rare en Palestine, où les ruines mêmes ne sont la plupart du temps que des monceaux de pierres sans formes ni figure. C'est un monument gothique sans ornement, lourd et d'un mauvais style ; une petite porte conduit dans une grotte que l'on dit avoir été le tombeau du prophète. Des Arabes campent au milieu des ruines du couvent, dans de sales huttes construites avec ses débris. L'un d'eux me conduisit sur une plate-forme au-dessus de l'église, et, de là, je découvris ce que mon cœur et mes yeux cherchaient depuis une heure, je revis une dernière fois Jérusalem. A cette distance et à cette heure du jour, les remparts et les maisons de la ville se confondaient avec les monts rocailleux qui l'entourent, mais je distinguais nettement la cime couronnée d'oliviers du mont de l'Ascension. Je me mis à genoux pour faire encore une prière; j'étais triste et ému. Tous les sentiments que j'avais éprouvés pendant mon trop court séjour dans la ville sainte, me revenaient à la fois et affluaient dans mon cœur. Le souvenir des actions divines accomplies dans ce petit coin de terre, la désolation présente des Lieux saints, les destinées à venir de Jérusalem, tout cela se confondait dans mon dernier adieu. Je levai une dernière fois les yeux sur le sommet du mont des Oliviers; je demandai à Dieu de me faire miséricorde au dernier jugement, qui doit s'accomplir dans ce lieu même où est demeurée l'empreinte de son dernier pas sur la terre. Puis je redescendis pour reprendre avec mon guide la route de Beëroth, qui était le lieu du campement. Le jour baissait, la faim commençait à se faire sentir; je fouillai dans mes poches, et j'en retirai deux petites galettes, qui me rappelèrent un de mes meilleurs souvenirs de Jérusalem. C'était Fra Salvatore, le religieux chargé du soin des pèlerins, qui avait exigé que je prisse avec moi ce supplément à mes bagages. Le bon Frère, après m'avoir comblé d'attentions pendant mon séjour, voulait encore être ma providence le long de ma route. Je vois encore d'ici la petite cuisine de Casa-Nuova, où il fait chauffer son café, entre un *Pater* et un *Ave, Maria*; sa petite cellule au couvent, dans laquelle il m'introduisit un jour, et que sa pieuse industrie avait transformée en un petit paradis en couvrant les murailles de saints de toutes les couleurs. Le pauvre Frère! comme il soupirait en refermant sur lui la porte de sa chère solitude pour retourner dans sa cuisine! Ceux qui ont eu le bonheur de goûter la part de Marie ont besoin de se faire violence pour retourner à l'office de Marthe. Pour moi, si Dieu m'appelait à la vie du cloître, il me semble que j'aimerais à choisir celui du couvent de Saint-Sauveur. C'est vraiment la demeure du bon Dieu, dans laquelle la charité accueille tout le monde. Le voyageur y trouve son lieu de repos, le pauvre un atelier pour travailler et apprendre à gagner son pain; il n'y a pas jusqu'aux oiseaux du ciel à l'intention desquels on a disposé, dans les longs cloîtres, de distance en distance, de petites baguettes en bois sur lesquelles ils viennent la nuit se reposer.

Mais, tandis que j'étais occupé à repasser tous ces charmants souvenirs, je ne m'apercevais pas que la nuit venait et que mon guide connaissait à peu près aussi bien que moi le chemin qui devait me conduire au lieu du campement. Nous avions perdu notre route, ce qui n'est pas difficile dans un pays où de jour même on a grand'peine à la trouver. Je me consolai en me rappelant que la tradition place à peu près dans cet endroit la touchante histoire de la Mère de Jésus, perdant son Fils au départ de Jérusalem et ne le retrouvant que trois jours après. Toutefois, comme je n'avais nulle envie de passer ma nuit à la belle étoile, je mis un terme aux nombreux zig-zags que mon guide me faisait faire sous prétexte de retrouver le chemin ; nous nous dirigeâmes comme nous pûmes vers un village que nous distinguions dans l'obscurité, et là nous prîmes deux Arabes. Ces braves gens, moyennant un bakchis, qu'ils eurent de temps en temps, le long du chemin, l'ingénieuse idée de multiplier par le carré des distances, nous conduisirent sans encombre au lieu du campement.

Tu ne trouveras pas mauvais, mon cher Louis, que de Beéroth à Nazareth, je te fasse voyager un peu lestement. Il serait trop long de s'arrêter à toutes les pierres du chemin, lors même que ces pierres s'appellent Béthel, où Jacob eut sa vision, où il lutta contre l'ange et reçut le nom d'Israël, ou bien encore Silo, qui fut pendant plus de trois siècles la demeure de l'arche sainte, qui vit l'enfance de Samuel et les désastres de la maison du grand-prêtre Héli. On voit encore par ci par là des ruines, mais tellement informes, qu'elles méritent à peine le nom de vestiges, et que le champ reste libre à toutes les conjectures. Quant à l'aspect du pays, il est toujours à peu près le même. Pourtant, de l'autre côté de Silo, vers Naplouse, j'ai été frappé de la forme gracieuse des vallons, qui courent entre des monts peu élevés. Replacez des arbres sur ces collines, de la verdure dans ces vallons, vous aurez une des natures les plus riantes qui se puisse imaginer. C'est une terre qui a perdu sa parure, sans doute parce qu'elle a donné Celui que l'Ecriture appelle son fruit par excellence : *Terra dedit fructum suum.*

Le 30 au soir, nous entrions dans la vallée de Naplouse. Naplouse est l'antique Sichem, dont il est si souvent parlé dans la sainte Ecriture, depuis Jacob, dont les enfants, Siméon et Lévi, se vengèrent du crime commis par Sichem, fils d'Hénoc, en ruinant la ville de fond en comble, jusqu'à cette pécheresse samaritaine que le Sauveur attendait au bord d'un puits à l'entrée de la vallée. C'est ce souvenir de l'une des plus admirables pages du saint Evangile que je tenais surtout à retrouver près de Sichem. Je n'y parvins pas sans quelque peine. J'avais devancé la caravane et suivi, pour arriver au puits de la Samaritaine, un sentier dans le flanc de la montagne. Après être redescendu dans la vallée, à un quart d'heure environ de Naplouse, j'aperçus une source abondante, autour de laquelle des Arabes devisaient en abreuvant leurs troupeaux. Je ne doutai pas que ce ne fût là cette fontaine de Jacob dont parle saint Jean. Je descendis de cheval au milieu des Arabes, qui parurent un peu étonnés du sans-gêne avec lequel je prenais place au milieu d'eux. Les Arabes de Naplouse passent pour les plus méchants de toute la Palestine; mais la longue file de la caravane était en vue, les fusils de mes compagnons brillaient au soleil, et, tout rempli du souvenir de l'Evangile, je m'assis sur une pierre au bord de la fontaine. Ces pauvres infidèles ne se doutaient pas qu'au fond de mon cœur je les comparais à la pécheresse de Samarie. Que n'avais-je la vertu du Sauveur pour leur faire goûter l'eau mystérieuse qui jaillit vers la vie éternelle!

J'étais plongé dans mes réflexions lorsque la caravane me rejoignit. Notre guide, en voyant mon air dévot, se hâta de me dire que si je voulais visiter le puits de la Samaritaine, je ferais bien de retourner sur mes pas, à un quart d'heure du lieu où j'étais. Je remontai à cheval un peu désappointé, et, prenant avec moi un des Arabes qui entouraient la fontaine, je me dirigeai vers le lieu que l'on venait de m'indiquer. J'y rencontrai un Arabe qui paraissait tout disposé à me rendre des services que je ne lui demandais pas. Après avoir fait une prière au bord d'une sorte de citerne profonde et desséchée, je visitai des ruines assez considérables, restes d'une église dont les plus anciens auteurs font seuls mention; je me mis en devoir de partir pour rejoindre la caravane. Mais l'Arabe du lieu ne l'entendait point ainsi; il avait pris possession de mon cheval et ne paraissait point disposé à me laisser la libre disposition de la bride, qu'il tenait entre ses mains. Je vis bien qu'il fallait composer; malheureusement je n'avais dans ma poche que de l'or et quelques paras. Les paras ne faisaient point l'affaire de mon tyran; l'or me paraissait au-dessus de ses mérites; l'éloquence ne pouvait me tirer d'embarras. Je profitai d'un moment où ma bride me parut un peu moins serrée par ces mains noires et rapaces, je partis au grand galop, encouragé par mon guide, qui trouvait, à ce qu'il paraît, ma position un peu compromise. Le galop de ma monture me conduisit en peu d'instants aux portes de Naplouse. Je les franchis sans trop savoir où je rejoindrais la caravane. Je dois dire à cette occasion que les habitants de Naplouse me paraissent avoir été calomniés par les étrangers. Dans la longue rue étroite qui court d'un bout à l'autre de la ville, j'en rencontrai plusieurs qui, devinant mon embarras à quelques gestes, s'empressèrent très courtoisement de m'indiquer la direction que je devais prendre. Je sortis de la ville et je retrouvai notre campement installé au pied du mont Hébal, sous des ombrages d'oliviers.

A peine eus-je mis pied à terre, que je me hâtai de retourner vers a ville pour la visiter avant le coucher du soleil. Nous devions, le lendemain, partir de très bonne heure ; il n'y avait donc point de temps à perdre.

Le monument le plus intéressant de Naplouse est une grande mosquée, qui dut être autrefois une belle église. L'intérieur, dans lequel on nous permit sans trop de façon de pénétrer, a été dépouillé de son caractère primitif; mais le portail, très bien conservé, est un morceau assez pur du style byzantin. Une tradition locale a conservé dans ce lieu le souvenir de la demeure de Jacob.

Encouragés par la bonne humeur de ces braves Sichimites, que l'on nous avait faits si terribles, nous continuâmes à errer pendant assez longtemps dans un dédale de petites rues que l'on ne saurait comparer qu'à des égouts d'une dimension un peu grande : je voulus entrer dans une maison que l'on nomme la maison de la Samaritaine ; puis il fallut franchir de nouveau les portes de la ville, de peur de nous trouver pris dans ses murs comme dans une souricière. Je n'ai donc pas vu le célèbre exemplaire du Pentateuque qui se conserve à Naplouse parmi les survivants de l'antique secte samaritaine. Les savants qui l'ont étudié, entre autres M. Sylvestre de Sacy, l'ont trouvé essentiellement conforme à celui que nous tenons des Juifs.

Le lendemain, 1er octobre, nous visitions dans la matinée les ruines de Sébaste, qui se trouvaient sur le chemin de notre seconde étape, à deux heures de Sichem. Ces ruines sont considérables ; de nombreuses colonnes de marbre sortent de terre de tous côtés et attestent la magnificence avec laquelle Hérode le Grand avait rebâti l'ancienne Samarie. Mais tout cela est confus ; il est difficile de savoir si ces débris antiques n'ont pas été employés dans des constructions du moyen-âge pour être ensuite ruinés de nouveau. Les seules ruines qui aient de l'aspect sont celles d'une très grande église des chevaliers de Saint-Jean, qui s'élevait sur le tombeau de saint Jean-Baptiste. Quelques ogives bien conservées et des restes de voûtes indiquent un gothique pur et élégant. Une mosquée informe, avec sa calotte blanche et sans style, comme toutes celles de la Palestine, dépare ces belles ruines.

Sébaste occupait le sommet du mont Sorniron. La vue de là s'étend au loin, et elle est très belle. On comprend, en contemplant ce panorama de vallées et de gracieuses collines qui se déroule sous les yeux, comment ce lieu a été choisi à diverses époques pour être l'emplacement d'une grande ville. Aujourd'hui quelques misérables huttes arabes sont répandues au milieu des ruines. Leur vue contraste d'une manière un peu vive avec le souvenir des palais d'ivoire du roi Achab.

Le soir, nous entrions dans la vaste plaine d'Esdrelon ; le soleil couchant éclairait au loin les cimes de l'Hermon et du Thabor ; nous plantâmes nos tentes sur une petite colline à côté du bourg de Djemmin. Le lieu était bien choisi; des eaux abondantes arrosent les jardins de Djemmin; la petite bourgade qui rappelle le souvenir des dix lépreux guéris par le Sauveur est encadrée dans des haies de nopals ; des palmiers ombragent sa mosquée.

Pour satisfaire la curiosité de l'un de nos compagnons, nous allâmes rendre visite à l'aga de l'endroit. Je dois dire que ce grand personnage, en dépit d'une sorte de robe de chambre en soie dont il était affublé, me parut aussi vulgaire que le plus vulgaire juge de paix d'une contrée civilisée. Ne sachant que lui dire, je m'avisai, entre la pipe et le café, de lui demander quel était le chiffre de la population de Djemmin. Il me répondit qu'il n'en savait rien : je le soupçonne d'avoir mis dans sa réponse non moins d'ignorance que de politique. Il voulut nous donner une garde pour la nuit; il n'eût pas été prudent de refuser cet honneur ; une des caravanes précédentes, qui avait prétendu se suffire à elle-même, avait vu pendant la nuit des pierres la visiter dans ses tentes. Décidément, les Arabes ont compris le parti qu'ils peuvent tirer des étrangers. On peut désormais voyager en Palestine sans danger, moyennant un abonnement peu onéreux avec les voleurs de la contrée.

Le 2 octobre, nous nous mettons en route pour aller coucher à Nazareth. La plaine d'Esdrelon déploie devant nous sa brûlante solitude; libre à nous d'y replacer les souvenirs des combats qui l'ont ensanglantée, depuis Saül jusqu'à Bonaparte. Les noms moins terribles de Sunam et de Naïm nous rappellent la mère à laquelle Elisée rendit le fils qu'elle avait perdu et la jeune fille ressuscitée par Jésus-Christ. J'étais tenté, en suivant le bord du Cison desséché, de répéter la plainte de l'enfant de Sunam qui, revenant de la maison, disait à sa mère : *Caput meum doleo.* C'est toujours bien le même soleil ardent qui enleva l'enfant à sa mère et qui rendit Judith veuve. Du reste, une précaution bien simple garantit des accidents ; il faut se couvrir chaudement la tête et l'entretenir ainsi dans une transpiration continuelle. Cette précaution est plus importante que celle du chapeau blanc et de l'ombrelle.

Nous approchions de Nazareth ; une dernière montagne nous offrait sur son flanc rapide un sentier rude disposé en forme d'escalier; je pris en pitié les fatigues de ma pauvre monture, et je commençai à gravir la montagne en songeant que la sainte famille avait, elle aussi bien des fois, dans ce lieu même, supporté les ardeurs d'un soleil brûlant pour regagner péniblement sa pauvre demeure. De temps en temps, je me retournais pour contempler l'immense plaine qui se perdait au loin noyée dans la lumière ; à ma gauche, le Thabor, isolé au milieu de cet océan, dressait vers les cieux sa cime couronnée d'une riche végétation. Dieu n'a pas voulu laisser flétrir la gloire du mont qui a été témoin de sa splendeur.

Enfin, après avoir cheminé pendant quelque temps sur le plateau de la montagne, nous commençâmes à dominer une vallée étroite qui se cachait derrière la chaîne que nous venions de traverser et d'autres sommets qui s'élevaient au delà. Encore quelques pas, et, dans le fond de cette humble vallée, nous distinguerons les maisons de Nazareth. C'est donc ici que le Sauveur a vécu jusqu'à sa trentième année ; ces coteaux parsemés d'oliviers bornaient son horizon, ce coin de terre lui suffisait, sa maison ou plutôt la maison de sa mère ressemblait à quelqu'une de ces pauvres demeures dont je distingue d'ici la terrasse basse et l'étroite enceinte de pierres.

Je me mis à dire mon chapelet ; il me parut que cette politesse était de rigueur envers les anciens hôtes du lieu vers lequel nous cheminions lentement. Je ne pouvais mieux trouver que le salut de l'ange pour complimenter la maîtresse du logis et la mère de la sainte famille.

Nous fûmes reçus par les bons Pères. Là, du moins, ils sont entièrement chez eux, et ils ne partagent avec aucun autre les fonctions de gardiens des Lieux saints.

Leur église n'est ni belle ni riche. Le sanctuaire de Nazareth a été le plus dévasté peut-être de toute la Palestine. L'ancienne église, dont on distingue encore le pavé en quelques endroits de la cour du couvent, était attribuée à sainte Hélène. Elle fut détruite en 1268 par les musulmans. C'est peu d'années après cet événement, le 10 mai de l'année 1291, que vient se placer la translation miraculeuse de la *santa casa*. Il est au moins permis de croire, avec le plus savant homme et le plus habile critique du dix-huitième siècle, le pape Benoît XIV, que l'histoire de cette translation, inscrite dans l'office public de l'Eglise, repose sur les données les plus authentiques. L'église actuelle ne fut construite qu'en 1620. C'est un carré au milieu duquel s'élève le chœur des religieux. On y monte par deux rampes placées à droite et à gauche. Entre ces deux rampes s'ouvre un large escalier, par lequel on descend dans la chapelle souterraine. Là était la sainte maison. Au fond du sanctuaire, s'élève un autel sur le lieu présumé où s'est accompli le mystère de l'Incarnation ; sous l'autel, on lit ces simples mots, sur le marbre : *Verbum caro hic factum est*. A deux pas de distance en arrière, une colonne antique, à moitié brisée, indique la place occupée par l'ange lorsqu'il s'inclina devant la Vierge en prononçant les paroles du salut : *Ave, Maria*. Il est plus difficile ici qu'ailleurs de remettre chaque chose à sa place ; mais qu'importe ? Il ne s'agit pas d'une précision mathématique ; on ne peut s'égarer dans cette étroite enceinte, et l'imagination n'a pas à se fatiguer beaucoup pour replacer l'humble Vierge dans un des recoins de l'obscure demeure. La sainte maison était adossée au rocher ; une grotte, qui s'ouvre derrière le sanctuaire, a toujours été considérée comme une dépendance de la demeure de la sainte famille. Le sanctuaire de Nazareth rappelle et complète en quelque sorte celui de Bethléem. Tous deux se cachent dans les entrailles de la terre ; il faut descendre pour trouver le lieu qui a été témoin de la naissance du Sauveur, celui aussi qui l'a vu croître, se développer, et arriver à la maturité de cette nature par laquelle Dieu s'était fait semblable à l'homme. Rien ne redit mieux les humiliations de sa vie, rien ne retrace plus vivement ce mystère d'abaissement, qui a été la base de toutes ses opérations divines, que l'humble aspect conservé à ces lieux, dans lesquels sa vie a été commencée et s'est poursuivie jusqu'à ce qu'il ait atteint sa trentième année. Si Dieu, pour sauver de la profanation des murs consacrés par sa présence, les a miraculeusement transportés près du centre de son Eglise, il a voulu néanmoins que le souvenir des mystères accomplis se perpétuât dans l'antique enceinte.

Notre première visite à Nazareth n'était qu'une simple reconnaissance des lieux ; arrivés le 2 octobre dans l'après-midi, nous repartions le lendemain matin pour aller coucher à Tibériade, en visitant le Thabor. En deux heures nous arrivâmes au pied de la montagne, dans le petit village de Deburieh, que l'on désigne comme étant le lieu où Notre Seigneur rejoignit ses apôtres après sa transfiguration et guérit un possédé. De ce village au sommet de la montagne, l'ascension est extrêmement pénible ; mais l'épais feuillage des chênes verts au milieu desquels on chemine fait oublier l'âpreté du sentier. Le sommet du Thabor est un large plateau couvert de ruines sur une étendue considérable. Ces ruines attestent, par la grandeur de leurs proportions, la vérité des renseignements que nous donnent tous les historiens de la Terre sainte sur les couvents et les églises qui, depuis sainte Hélène jusqu'à la fin du XIIIe siècle, furent, à diverses époques, construits dans ce lieu, renversés, puis reconstruits, pour être ruinés de nouveau. Un abri a été conservé au milieu de ces ruines, au lieu que l'on désigne comme étant celui où le Sauveur s'est transfiguré. Une petite voûte basse et étroite fut le sanctuaire où nous disposâmes notre autel portatif; une pauvre caisse en bois, qui bien des fois déjà avait fait le voyage de Nazareth au Thabor, fut établie sur la pierre nue pour figurer l'autel; le prêtre qui devait nous dire la messe y trouva tout ce qui était nécessaire pour offrir le saint sacrifice, et bientôt, au milieu de ces débris amoncelés et de cette poussière des temples ruinés, la victime qui s'était un jour manifestée dans sa gloire avant de subir les ignominies de son supplice, apparut à nos yeux sous cette humble apparence où notre croyance la transfigure chaque jour pour reconnaître en elle le Dieu trois fois saint.

C'est dans de pareils instants que l'on regrette surtout de n'avoir ni repos ni loisir pour jouir pendant quelque temps, au milieu des fatigues du voyage, de cette vue de l'invisible, qui sollicite plus vivement le cœur et l'intelligence; mais j'avais beau répéter le *Bonum est nos hic esse*, nos tentes étaient déjà dressées loin de là. Pierre, raccommodant ses filets de pêcheur, nous attendait sur les bords du lac de Génézareth; nous devions y retrouver Jésus, entouré de cette foule de pauvres qu'il instruisait et guérissait; mais la nuée lumineuse et les prophètes associés à la gloire du Fils de Dieu ne devaient point nous y suivre.

Le Thabor n'est point nommé dans l'Evangile; il y est dit seulement que Notre Seigneur se retira sur une montagne élevée pour se transfigurer en présence de ses apôtres. On a voulu contester l'antique tradition qui désigne le Thabor comme étant cette montagne, en lui opposant l'existence d'une citadelle romaine dans ce lieu, qui, d'après le récit évangélique, devait être un lieu solitaire. Mais on voit seulement dans Josèphe qu'au temps de l'expédition de Vespasien dans la Galilée, c'est-à-dire plus de trente années après la transfiguration, les Juifs se retranchèrent sur ce sommet et y construisirent une forteresse. Il n'y a rien là, ce me semble, qui contredise l'autorité des historiens ecclésiastiques du IVe siècle, dans lesquels nous trouvons la tradition chrétienne recueillie et approuvée.

Le Thabor figure aussi dans l'histoire des croisades; il a été témoin d'un de ces inexplicables échecs que cette mystérieuse histoire nous raconte presque à chacune de ses pages, et qui nous montrent le doigt de Dieu poussant les peuples d'Occident à la conquête des Lieux saints pour humilier ces fiers courages par des revers inattendus, et leur enseigner, sans doute, que les mystères de l'humiliation, après avoir été jetés comme une base dans la fondation de l'Eglise, doivent se retrouver dans son développement et dominer constamment tous les autres sur ce coin de terre qui a été le théâtre de ses opprobres.

Après avoir admiré pendant longtemps l'immense panorama qui

s'étend au nord jusqu'aux cimes les plus élevées de l'anti-Liban, au couchant vers le Carmel, qui dessine à l'horizon son sommet fuyant vers la mer, au midi dans la vallée du Jourdain, à nos pieds, enfin, du côté du lac de Tibériade profondément encaissé entre les monts de la Galilée, nous reprîmes notre route pour nous diriger de ce côté.

Les beaux ombrages du Thabor ne tardèrent pas à disparaître derrière nous ; nous cheminâmes longtemps au milieu d'une plaine monotone ; de temps en temps, nous rencontrions de larges espaces couverts de rocs volcaniques qui faisaient résonner les sabots de nos chevaux. Enfin, après plusieurs heures longues et pénibles, nous commençâmes à descendre vers le bassin du lac de Génézareth. Le soleil, en s'inclinant vers l'horizon, jetait ses feux sur les flancs profondément sillonnés des monts qui s'élevaient de l'autre côté du lac; il laissait à ses eaux, qu'aucun souffle n'agitait, l'aspect d'un tranquille miroir; la petite ville de Tibériade, à moitié obscurcie par les ombres qui commençaient, détachait sur les eaux sa forteresse respectée par le tremblement de terre de 1837.

Nos tentes nous attendaient à quelques pas du lac. Je m'empressai d'aller faire une connaissance aussi intime que possible avec ces eaux glorieuses qui se sont humiliées sous les pas du Sauveur, et qui se sont apaisées à sa voix. Je cherchai sur le rivage quelques traces des filets de saint Pierre, mais ici encore le silence, la solitude ; à peine quelques vestiges des anciens âges, quelques tronçons de colonnes, quelques môles ruinés, sur ces rivages qu'Hérode Antipas choisissait pour bâtir sa capitale en lui donnant le nom de Tibère, et que l'historien Josèphe nous montre couverts de quinze villes florissantes et ornés de toutes les faveurs d'une nature inépuisable. La main des hommes et les tremblements de terre ont fait justice de toute cette prospérité. Un ou deux milliers d'habitants, la plupart Juifs, campent à Tibériade dans des masures au pied de l'antique forteresse. Un coup d'œil jeté sur les terrasses des maisons nous apprenait que nous étions dans une cité juive ; la plupart de ces terrasses étaient couvertes de feuillages à l'ombre desquels les Juifs prenaient leurs repas en l'honneur de la fête des Tabernacles. Les Juifs sont ici ce qu'ils sont partout, des brocanteurs intrépides. Ils ont à la disposition des voyageurs des trésors de médailles et d'antiquités de toute sorte. Seulement, il faudrait entreprendre un long et difficile procès pour vérifier l'authenticité de toutes leurs découvertes.

Le lendemain de notre arrivée, 4 octobre, était le jour de la fête de saint François d'Assise. Le patriarche des religieux de Terre sainte n'avait en ce jour, pour honorer sa mémoire, qu'un seul de ses disciples, qui vit comme un ermite dans un petit couvent attenant à l'église Saint-Pierre. Cette église, assez vaste, mais sans style, doit remonter à l'époque des croisades. Un petit tableau dans le fond, au-dessus de l'humble autel, rappelle la promesse que le Sauveur fit à saint Pierre de lui donner les clés du ciel en récompense de sa foi, et qu'il accomplit après sa résurrection, sur le rivage du lac de Génézareth, en lui disant : *Paissez mes agneaux, paissez mes brebis.* J'offris avec bonheur le saint sacrifice au lieu présumé où Pierre avait dû recevoir l'investiture du suprême sacerdoce, expiant son triple reniement par une triple profession de son amour envers son Maître.

La journée, ainsi heureusement commencée, fut une des plus agréables de notre voyage. On se mit en quête d'une barque, et les plus intrépides de la caravane se disposèrent à affronter les ardeurs du soleil pour aller visiter les ruines de Capharnaüm, à l'extrémité nord du lac, et, s'il se pouvait encore, le lieu où le Jourdain lui apporte ses eaux. Nous fîmes en trois heures, sous un soleil ardent, le trajet de Tibériade à l'extrémité du lac. En mettant le pied sur le rivage, nous ne distinguions d'abord que quelques huttes arabes abandonnées; mais nous ne tardâmes pas à nous trouver au milieu de blocs énormes de pierres taillées, gisant confusément sur la terre. C'étaient évidemment les ruines de grandes constructions. L'art grec, tel qu'il devait se rencontrer en Palestine au temps des Hérodes, se lisait sur les chapiteaux d'ordre corinthien et sur une fresque encore intacte. En retrouvant ces débris, au milieu de pierres calcinées et de blocs volcaniques, le tout recouvert d'herbes desséchées et de chardons, je me rappelai les paroles prophétiques prononcées par Notre Seigneur contre la ville ingrate qu'il habita quelque temps, qui fut appelée sa ville, qui fut témoin d'un très grand nombre de miracles opérés en faveur de ses habitants : *Capharnaüm, est-ce que tu as l'ambition de t'élever jusqu'au ciel? Un jour viendra où tu seras abaissée jusqu'aux enfers. Sodome serait peut-être encore debout si elle avait été témoin des prodiges accomplis dans tes murs.* Aujourd'hui, du nord au midi de la Palestine, Sodome et Capharnaüm, les deux villes coupables, placées en face l'une de l'autre, se renvoient l'écho des oracles divins. Sodome a disparu, mais une voix sort de l'abîme qui l'a engloutie. De Capharnaüm il ne reste plus que quelques pierres. Mais quand Dieu se penche vers la terre pour écrire quelque décret de sa justice, un mot lui suffit.

J'aurais bien voulu, en quittant Capharnaüm, compléter l'excursion autour du lac, visiter le Jourdain et le rivage du côté de l'Orient; là encore nous aurions peut-être trouvé d'autres débris sur l'emplacement de Corozaïm, cette autre ville coupable qui fut enveloppée par le Sauveur dans la même malédiction que Capharnaüm; mais à tous mes gestes, à toutes mes sommations, notre pilote me répondait invariablement par l'intermédiaire de notre interprète italien : *C' è paura*, ce qui voulait dire : Les Arabes sont là, leurs tribus sont occupées à se battre, et il est fort inutile d'aller se jeter dans cette mêlée. Le vaurien avait d'ailleurs ses motifs pour éviter la rencontre des Arabes : il avait découvert dans une des cabanes du rivage une ample provision de paille hachée, et, sans s'inquiéter du propriétaire, il l'avait fait passer sur son bord. Quoi qu'il en soit, nous dûmes reprendre la direction de Tibériade. Nous côtoyâmes, pour revenir, la côte occidentale du lac. L'aspect en est charmant et offre un tableau qui contraste avec les monts dont les flancs arides se dressent sur l'autre rive. Une vaste plaine s'étend, en montant par une pente douce, jusqu'au pied de la montagne des Béatitudes, où se conserve le souvenir de cette première prédication de la loi évangélique, faite par le premier et le plus saint des docteurs. Le sommet forme deux pointes, que l'on appelle les Cornes d'Hittin. A gauche, une gorge étroite sépare la montagne des Béatitudes de celle de la Multiplication des pains.

Un coup d'œil me suffisait pour embrasser dans son entier cette vaste scène, dans laquelle, plus que nulle part ailleurs, viennent se presser les souvenirs de l'Evangile. Les hauteurs qui bornaient mon horizon me renvoyaient l'écho des paroles divines; les coteaux solitaires m'apportaient le parfum de ces béatitudes que le divin Maître promettait aux pauvres accourus de tous les points de la campagne pour se presser autour de lui. Un jour qu'ils étaient plus nombreux que de coutume, attirés loin de leurs foyers par les douces paroles du Sauveur et par les miracles qu'il opérait au milieu d'eux, le soir étant venu, la faim se fit sentir dans cette multitude; elle était accourue sans songer aux provisions de voyage; les moins robustes pouvaient défaillir en regagnant leur demeure. Jésus fit asseoir tout ce monde; c'était au temps de la récolte, vers l'époque des fêtes de Pâques, l'herbe coupée jonchait la prairie de toute part. Cinq pains et deux poissons, l'unique ressource que les apôtres avaient pu recueillir pour nourrir cinq mille hommes, furent remis entre les mains du Sauveur; il les bénit, et les distribuant à cette foule, la renvoya rassasiée. Puis il remonta seul au sommet de la montagne pour prier, et quand la quatrième veille de la nuit fut venue, il redescendit vers les rives du lac; les eaux étaient agitées par un vent violent; les disciples luttaient en vain contre les flots, qui les jetaient de côté et d'autre sans leur permettre d'avancer. Tout à coup ils voient comme un fantôme qui marche sur la mer en se dirigeant vers leur barque; l'effroi les saisit; mais Jésus, s'approchant, leur dit : C'est moi, ne craignez point. Si c'est bien vous, s'écrie Pierre, dites-moi de venir jusqu'à vous en marchant sur les eaux. Viens donc, lui dit Jésus; et voilà le naïf pêcheur qui, consultant son amour plus que son courage, descend de sa barque et marche sur les flots pour aller à Jésus. Mais le vent s'élève plus violent; la frayeur s'empare du cœur de Pierre, il tombe, il est presque englouti; il a pourtant encore la force de crier vers son Maître : Seigneur, sauvez-moi! Et Jésus étend la main, il le relève en lui disant : Pourquoi donc as-tu douté? Puis ils remontent ensemble dans la barque, et aussitôt le vent cesse.

Quel charme que de relire cette touchante histoire en naviguant sur une pauvre barque, au lieu même qui a été témoin de la crainte de l'apôtre et du miracle de Jésus ! Que faisons-nous, pauvres et infirmes rameurs, sur ce petit lac agité que l'on nomme le monde, sinon lutter, lutter toujours contre les vents contraires qui ballottent notre frêle esquif? Que deviendra-t-il si le Maître ne vient pas à nous avec cette puissance qui lui assujétit tous les éléments du monde ? Et nous-mêmes, que deviendrons-nous si notre confiance en lui ne domine pas toutes les craintes et toutes les angoisses de notre âme, si nous ne crions pas vers lui pour qu'il nous fasse entrer en partage de cet empire qu'il exerce sur toute créature? L'instinct de Pierre ne l'a point trompé; il savait ce que pouvait son Maître, il se trouvait plus assuré près de lui, au milieu de l'abîme, que loin de lui, dans sa barque. Il a douté, pourtant, il a douté, car il a craint, et Dieu, qui exige un abandon complet de l'âme entre ses mains, l'a puni en permettant aux flots de s'élever plus menaçants. Pierre a prié pourtant dans son trouble, et la main de son Maître s'est étendue vers lui, et l'abîme s'est fermé sous ses pas.

D'autres souvenirs, d'autres images me revenaient encore à la pensée. Cette barque, au fond de laquelle j'étais couché, me rappelait celle où Jésus dormait pendant l'orage, lorsque les disciples vinrent le réveiller en lui disant : « Maître, est-ce que vous n'êtes point touché de ce que nous allons périr? » Et le Maître, se levant, dit à la mer : « Tais-toi ! demeure muette ! » Combien de fois, pendant la suite des siècles, le Maître a paru sommeiller au fond de la barque de Pierre, lorsque tout d'un coup il s'est levé, il a dit un mot, et toutes les passions humaines, déchaînées contre l'Eglise, sont restées muettes devant lui !

Il fallait pourtant quitter ce beau lac, dire adieu à ces touchants souvenirs. Le soir était venu; notre voile, gonflée par un bon vent, nous eut bientôt fait aborder à Tibériade.

Je profitai de quelques instants qui me restaient encore avant la nuit pour aller visiter les bains chauds d'Emmaüs, qui sont à une petite distance de Tibériade. La température des eaux est extrêmement élevée; elles ont une forte odeur sulfureuse. Ibrahim-Pacha a fait reconstruire les bâtiments et y a mis un certain luxe, mais les constructions commencent déjà à tomber en ruines. Les Arabes viennent en grand nombre de toutes les parties de la Syrie pour profiter de ces bains, mais ils se garderaient bien d'y faire la moindre réparation.

Le lendemain, nous repartions pour Nazareth. Notre itinéraire était tracé par la montagne de la Multiplication des pains et les revers qui s'étendent vers le mont des Béatitudes. J'ouvris mon Evangile, et, tout en cheminant, je commençai à relire cet admirable sermon de Notre Seigneur qui contient, si l'on peut dire ainsi, toute la moelle de l'Evangile. Quelle joie que de redire, au milieu de cette nature souffrante, aride et désolée, le *Beati pauperes; beati qui lugent; beati qui persecutionem patiuntur!* Comme alors, par un attrait qui jaillit du cœur, les yeux se détachent de la terre pour se relever vers ce beau firmament, dont les espaces infinis ne sont attristés par aucun nuage! Au moment où je lisais ces paroles du Sauveur : *Que votre lumière luise au milieu des hommes, afin que, voyant vos œuvres bonnes, ils glorifient mon Père qui est dans les cieux*, le soleil se levait derrière nous, et ses feux, en éclairant l'horizon, faisaient disparaître toutes les ombres.

Sur le plateau du mont de la Multiplication des pains, douze grands blocs de basalte sont rangés en cercle en l'honneur des douze apôtres; c'est là, sur ce sommet, d'où l'on découvre toute la plaine, une touchante interprétation de cette parole du Sauveur : *Vous qui m'avez suivi, vous serez assis sur douze trônes pour juger les douze tribus d'Israël*. On dit ces pierres placées par sainte Hélène; j'en détachai respectueusement un fragment.

Au delà s'étend la plaine de Hittin, si tristement célèbre par la grande bataille qui livra entre les mains de Saladin, avec la sainte Croix, le roi Lusignan, l'élite des chevaliers, et, enfin, après l'anéantissement de l'armée chrétienne, la Palestine presque tout entière. Il y avait là cinquante mille combattants, qui, épuisés par une soif ardente, faisaient des efforts désespérés pour se précipiter au delà du mont vers les eaux du lac; refoulés de tous côtés par le glaive des musulmans, ils furent tous pris ou massacrés.

Nous traversâmes la triste plaine dans toute sa longueur, puis nous commençâmes à nous engager dans d'autres montagnes, en suivant une route qui devait nous reconduire à Nazareth par Cana et Séphoris.

A Cana, les ruines d'un antique sanctuaire indiquent l'emplacement du lieu où Jésus fit son premier miracle, à la prière de sa Mère. Il n'y a d'autre sanctuaire debout dans le village qu'une église grecque très pauvre et très mal entretenue, dans laquelle on montre d'énormes urnes en pierre encastrées dans la muraille : la prétention qu'ont ces urnes d'être celles-là même dans lesquelles Notre Seigneur changea l'eau en vin, est, à ce qu'il paraît, un peu téméraire. Nous visitâmes en sortant du village une fontaine qui, étant l'unique de la contrée, peut, à juste titre, s'enorgueillir d'avoir fourni ses eaux pour l'accomplissement du miracle. Puis nous nous acheminâmes vers Séphoris, qui, déjà depuis quelque temps, nous montrait son antique château sur un sommet qui domine au loin les autres plateaux.

Séphoris fut choisie par Hérode Agrippa pour devenir la capitale de la Galilée ; elle échangea son ancien nom contre celui de Diocésarée. Longtemps elle fut une ville importante, et, bien qu'elle ne paraisse pas avoir joué un rôle important à l'époque des croisades, on y voit encore deux belles ruines du moyen-âge ; l'une est une construction massive qui paraît avoir appartenu à un château fort élevé sur le sommet de la montagne ; l'autre est la triple abside, encore à peu près intacte, d'une élégante église gothique. L'église était dédiée à sainte Anne. Séphoris est la patrie présumée des parents de la Sainte Vierge, et le sanctuaire a été construit au lieu où l'on plaçait leur maison.

Nous traversâmes rapidement Séphoris, où nous devions deux jours après rentrer en triomphateurs. Les habitants jouissent d'une assez mauvaise réputation, et, pendant le peu d'instants que notre caravane s'arrêta chez eux, ils s'efforcèrent de nous prouver que l'on ne nous avait point trompés en nous les peignant sous des couleurs peu favorables. Quelques-uns de nos voyageurs s'entendirent souhaiter la bienvenue avec toute autre chose que des compliments. Passe encore si l'on s'était borné à les injurier. Mais les Arabes, voulant sans doute se mettre à la portée d'étrangers qui ignoraient leur langue, employèrent une figure qui se comprend dans toutes les langues du monde ; une députation d'enfants fût chargée de faire siffler des pierres à leurs oreilles. Je n'attachai pas en ce moment une grande importance à ce petit accident, qui devait prendre plus tard les proportions d'un événement. Mon attention était absorbée par un malheur plus réel et plus fâcheux. Un mulet, ou plutôt, il faut que je l'avoue, un âne qui portait des bagages, jugea à propos de me faire expérimenter par moi-même la vérité de cette belle réputation de force et d'énergie que l'on a faite aux ânes de la Palestine ; il m'envoya une ruade superbe, qui, tombant en plein sur mon genou, n'eut d'autre résultat que de me causer dans le moment une douleur assez vive et de me faire boiter un peu bas pendant quinze jours. Comme j'avais quelque chose à me reprocher dans ma conduite envers le pauvre animal, je le remerciai au fond du cœur de ce qu'il avait bien voulu ne pas me casser la jambe. Au bout d'une heure, j'avais à peu près oublié cette petite mésaventure, en me retrouvant au milieu des rues de Nazareth. Nous étions accueillis comme de vieilles connaissances par les catholiques, qui composent à peu près le tiers de la population ; je voyais briller çà et là sur la calotte rouge des enfants de petites médailles dont j'avais fait une distribution quelques jours auparavant à la porte du couvent. Les chrétiens de Terre sainte sont extrêmement avides de cette sainte monnaie, surtout quand on peut leur dire qu'elle vient de Rome et qu'elle a été indulgenciée par le pape. Une des meilleures et des plus utiles choses que l'on puisse mettre dans sa malle quand on part pour la Terre sainte, c'est une provision d'images et de médailles.

On attendait M. de Lesseps quand nous arrivions à Nazareth ; l'entrée du consul général devait se faire avec quelque pompe ; le supérieur du couvent était allé à sa rencontre. Il y avait un peu de remue-ménage pour recevoir les nouveaux hôtes dans le bâtiment réservé aux étrangers ; j'y gagnai d'être admis dans l'intérieur du couvent, tout auprès de l'église et de l'ancienne maison de Marie. Je me hâtai d'aller prendre un peu de repos dans une petite cellule. Je m'y enfermai, après avoir répété le salut de l'ange, inscrit sur la porte, comme il l'est dans chaque coin du vaste couvent : *Ave, Maria*.

VII.

Rome, 15 janvier 1856.

La journée du 6 octobre fut pour notre caravane une journée de repos passée à l'ombre du sanctuaire de Nazareth. J'en profitai pour faire quelques dévots pèlerinages dans l'intérieur de la petite cité. Un vieux Père italien qui m'avait pris en amitié voulut bien me servir de guide. Nous allâmes visiter la fontaine de la Vierge, l'église des grecs unis, bâtie sur l'emplacement de l'ancienne synagogue, et deux petites chapelles, dont l'une renferme dans son enceinte l'atelier de saint Joseph, et l'autre un bloc de pierre appelé *Mensa Christi*, sur lequel

Notre Seigneur aurait, d'après les traditions locales, pris plusieurs fois ses repas avec ses disciples.

A Nazareth rien ne saurait être vulgaire ; c'est là que le Fils de Dieu, qui était aussi le fils de Marie et qui passait pour être le fils de Joseph, *ut putabatur filius Joseph*, a ennobli par ses actions tous les détails les plus vulgaires de notre vie mortelle. Ses parents étaient pauvres ; il les avait choisis tels et s'était résigné à partager l'obscurité et la pauvreté de leur condition. Ainsi, tandis que sa Mère, confondue avec les autres femmes de Nazareth, allait puiser à la fontaine l'eau nécessaire aux besoins du ménage, lui, quittant de bonne heure l'humble foyer, se dirigeait avec son père vers le lieu du travail. Peut-on douter qu'il ait travaillé de ses mains dans l'atelier de saint Joseph et qu'il y ait fait les ouvrages que lui commandait son père? Il lui était soumis, nous dit l'Evangile ; et lorsqu'il commence sa prédication non loin du lieu où sa vie s'était écoulée, est-ce que l'on n'entend pas la foule étonnée répéter de toutes parts : Mais cet homme, c'est un ouvrier ; c'est le fils d'un ouvrier ! *Nonnè hic est faber et fabri filius?* Le christianisme est là tout entier. Le Verbe de Dieu s'est fait chair, et il a habité parmi nous. Il a apporté du ciel à la terre la vérité divine qui éclaire nos âmes, la vie surnaturelle qui les régénère. Et, pour nous initier plus sincèrement à cette vérité et à cette vie, il a voulu marcher dans nos voies, se faire en toutes choses semblable à ses frères ; il devenait ainsi lui-même notre modèle et notre voie.

L'invisible s'est donc fait visible ; ce n'était pas encore assez : l'infini est entré dans les limites de notre nature ; il en a visité tous les recoins, si l'on peut ainsi parler. Aucun détail de cette vie mortelle n'a été méprisé ou négligé par lui. Quelle est la créature humaine qui puisse prétendre que le Sauveur n'a pas fait ce qu'elle fait elle-même?

Quel charme n'est-ce pas que de rechercher le théâtre sur lequel cette sagesse a accompli ses œuvres ! Qu'est-ce que l'école d'Athènes à côté de la boutique de saint Joseph? La sagesse des sages a été confondue, et tandis qu'ils s'évanouissaient dans leurs pensées, la sagesse éternelle prêchait par son silence ; avant de semer dans le monde la parole de vérité, elle préparait dans un obscur coin de terre les germes précieux de sa doctrine.

A Nazareth les moindres choses causent de l'émotion ; je me souviens encore que, me promenant un soir sur la terrasse du couvent, j'aperçus, dans le petit jardin des religieux, un enfant qui, l'arrosoir à la main, parcourait les plates-bandes en distribuant de l'eau aux humbles légumes, dont la tête se penchait sur leur tige altérée. Là, peut-être aussi, me disais-je, en ce même lieu qui touche au sanctuaire, croissaient les légumes dont se nourrissait la sainte famille ; peut-être aussi, chaque soir, en rentrant de l'atelier de saint Joseph, l'enfant Jésus arrosait ce coin de terre ; ce que je vois faire à l'enfant pauvre dans l'intérieur du modeste enclos, il est bien probable que le Dieu pauvre, réduit au rôle de serviteur, l'a fait à peu près au même endroit.

Le samedi soir, une réunion nombreuse et animée venait faire diversion aux émotions du pèlerinage en nous rappelant le souvenir et aussi la gloire de la patrie. M. de Lesseps animait notre dîner par sa vive et spirituelle conversation. Nous recevions pour la première fois des détails sur la prise de Sébastopol ; les exploits de notre armée nous touchaient presque comme s'ils avaient été les nôtres ; il s'en fallait peu que Malakoff n'eût succombé sous les coups de notre héroïque caravane.

Cependant un exploit d'une autre sorte se combinait pour le lendemain. Le consul avait officiellement accueilli la plainte de nos voyageurs insultés par les Arabes de Séphoris. Il se trouvait que M. de Lesseps avait quelques vieux comptes à régler avec cette canaille. L'occasion lui parut bonne ; il se hâta d'envoyer à Séphoris des hommes de sa suite. En vertu d'une justice distributive qui, pour mieux châtier les criminels, atteignait le crime dans sa source même, les parents des enfants qui avaient lancé des pierres furent mis en prison. Ce n'était pas tout ; il fallait humilier ces fanatiques. Le sanctuaire de Sainte-Anne, autrefois visité fréquemment par les Franciscains, dont l'antique usage était d'y offrir le saint sacrifice chaque mois, était devenu, par suite de l'intolérance des Arabes, un lieu inabordable. Il fut résolu que, le lendemain dimanche, on irait en grande pompe y dire la messe.

Le lendemain donc, notre caravane s'organisa d'une manière formidable. Le consul avait avec lui le gouverneur de Nazareth et une quinzaine d'Arabes armés et bien montés. Toute cette cavalerie, au milieu de laquelle notre caravane faisait assez pauvre figure, eut bientôt franchi la petite distance qui sépare Nazareth de Séphoris, et lorsque nous eûmes escaladé la dernière pente qui dérobait à nos regards la cité coupable, nous aperçûmes ses malheureux habitants qui, dans une attitude beaucoup plus humble que l'avant-veille, le front incliné vers la terre, sollicitaient la clémence de leurs vainqueurs. Nous daignâmes à peine leur donner un regard ; notre première affaire était d'entendre la messe ; le sanctuaire fut promptement déblayé des immondices qui l'encombraient, et les Arabes purent s'édifier en voyant que nous faisions passer les intérêts de Dieu avant les nôtres.

Après la messe, le juge du lieu, sorte de paysan plus riche que les autres, nous reçut dans sa maison; il nous combla de politesses, c'est-à-dire de café, de pipes et de limonade; puis, descendant humblement de son rôle de juge à celui d'accusé, il commença à plaider sa cause devant le consul en un style dans lequel la flatterie se produisait sous le voile des figures les plus poétiques. Le consul avait pris la résolution de ne pas laisser amollir facilement son cœur; il laissait couler d'un œil impassible ce torrent d'éloquence, avec lequel il est trop familiarisé pour en être facilement ému. Il sait trop bien que l'Arabe n'est poli que lorsqu'il a peur et que la clémence ne le touche que médiocrement. Un exemple était nécessaire pour sauvegarder les voyageurs qui devaient venir après nous; il n'y a pas loin d'une pierre lancée à un coup de fusil; on pouvait craindre les balles si les pierres étaient demeurées impunies. La décision de la cause fut donc remise comme demandant un examen plus approfondi; en attendant, les coupables restaient en prison, et l'on daignait accepter un mouton qui nous serait servi au lieu où nous devions déjeuner. Là justice suivait son cours régulier; seulement il y avait tout lieu d'espérer que les douceurs du mouton rôti ne seraient pas sans influence sur les cœurs du juge et des accusateurs.

Après deux heures d'attente, qui aiguisèrent tout à la fois notre curiosité et notre appétit, le festin royal parut enfin. Tout ce qu'il y avait de personnages importants dans la bourgade se dirigeait processionnellement vers les ombrages sous lesquels nous avions étendu nos tapis. Le bienheureux mouton, comme étant le héros de la fête, arrivait le dernier. Quatre hommes le portaient dans un immense plat qui aurait figuré dignement sur la table de Gargantua. Ses membres tremblotants reposaient au sommet d'une montagne de riz. Ce personnage méritait évidemment les honneurs dont il était entouré. Maintenant c'était à nous de lui prouver tout le cas que nous faisions de lui. Il fallait pour cela commencer par mettre de côté les préjugés : se servir d'une fourchette ou d'un couteau, c'eût été manquer à toutes les convenances et déshonorer notre festin. Les plus hardis donnèrent l'exemple, et bientôt il n'y eut pas une main qui n'eût pris la direction du plat et laissé dans cette pyramide de viandes la trace de ses laborieuses recherches. Les Arabes nous regardaient faire, moins curieux de contempler notre maladresse qu'avides de notre succession. Nous ne tardâmes pas à leur céder la place; ils se succédèrent dix par dix autour de leur mets favori, et ils durent se relever bien des fois avant que le regard pût découvrir le fond de l'immense chaudière. J'ai pu en cette occasion apprécier la sobriété de l'Arabe ; il mange vite et sans excès. Quand il a répété un certain nombre de fois l'opération qui consiste à rouler dans sa main droite une boule de riz grosse comme un œuf et qu'il a empilé cela dans son estomac, il fait couler sur le tout la moitié d'une cruche d'eau ; puis il se lave la barbe et les mains, et il est content. Encore faut-il dire que ce sont là ses festins. Il y a plus d'un jour dans l'année où sa pipe et son café lui tiennent lieu de tout le reste. Faut-il s'étonner après cela du régime auquel il met son cheval ? Une maigre ration d'orge le soir, voilà toute la pitance de ces bêtes ardentes, dont le jarret infatigable semble dédaigner le repos.

Lorsque toutes les faims et toutes les soifs furent apaisées (ainsi disait Homère après que ses héros avaient dévoré, non point un mouton, mais un bœuf), la justice reprit son cours. Les soumissions les plus humbles furent renouvelées; on nous assura que l'on ne reculerait devant aucune satisfaction pour apaiser notre courroux ; on était prêt soit à administrer cinquante coups de bâton aux coupables, soit à les détenir en prison pendant plusieurs années, soit à les envoyer aux galères. Toutefois, on implorait notre clémence. M. le consul penchait vers la sévérité; mais on lui fit observer que le mouton était mangé, qu'il avait été trouvé bon, cuit à point, servi chaud, et qu'il y aurait cruauté à montrer un visage implacable tandis que l'estomac était satisfait. Ces raisons parurent sinon tout à fait concluantes, du moins de nature à faire modifier la sentence. Une admonestation sévère fut adressée au chef de la tribu, puis les coupables furent relâchés, à l'exception d'un seul, qui, recommandé sans doute par d'autres méfaits, fut chargé de payer pour les autres.

Toutefois, notre zèle pour la justice ne pouvait nous faire oublier que nous devions coucher le soir au sommet du mont Carmel. Il fallut donc prendre, non sans regret, congé de M. de Lesseps. Deux Arabes, armés de leurs longues lances, se mirent en tête de la caravane, et nous voilà partis, en compagnie du frère Charles, qu'il suffit de nommer pour rappeler à tous ceux qui ont visité le Carmel la cordiale hospitalité que l'on reçoit au couvent. De Séphoris, nous nous dirigions directement vers la mer, en traversant la plaine de Zabulon. La chaîne méridionale des montagnes de la Galilée se prolongeait sur notre gauche. En face de nous, à l'ouest, le Carmel dressait son sommet, brusquement interrompu du côté de la mer.

A moitié chemin, le frère Charles nous fit mettre pied à terre pour nous montrer un moulin construit par les religieux, et qui fournit de la farine à toute la contrée. Bientôt après, nous commençâmes à traverser une dune de sables, au milieu desquels nos malheureux chevaux enfonçaient péniblement à chaque pas. Puis la mer nous apparut, étendant à l'horizon l'immense plaine de ses eaux, qu'aucun souffle n'agitait. Le rivage forme en cet endroit une baie large de quatre lieues environ, dont les deux pointes portent au nord Saint-Jean-d'Acre et au sud le Carmel. Sur le bord de la mer, le sable, durci par les vagues, offre une route facile et pleine de charme ; le flot transparent semble prendre plaisir à étaler sous les pas des chevaux sa petite écume argentine. Caïpha nous montrait à une faible distance son port, dans lequel nous distinguions quelques vaisseaux. Au delà, le couvent du Carmel dessinait sur le ciel la coupole de son église, ombragée par le drapeau de la France.

Le bonheur que j'éprouvais en revoyant ce signe de la patrie était, je dois en convenir, un sentiment peu chevaleresque. Les émotions de la journée, et surtout la longue route que j'avais faite, me rendaient très accessible au désir de voir arriver le terme de l'étape. Ce sentiment domine les impressions du pèlerin plus souvent qu'il ne lui plaît d'en convenir. A cette heure, je n'étais point fâché que le prophète Elie fît son apparition devant moi sous la forme d'un bon frère Carme, remplissant au couvent les fonctions de procureur. Caïpha fut bientôt traversé, et après avoir escaladé la pente courte et rapide du Carmel, nous nous trouvâmes au pied des vastes bâtiments du couvent. Il était nuit depuis une heure.

Le lendemain, je disais la messe dans la grotte du prophète Elie. Cette grotte est recouverte par le chœur de l'église. Les religieux la vénèrent comme le sanctuaire qui aurait été le berceau de leur ordre. Quelle que soit l'obscurité qui plane sur les traditions du Carmel depuis le prophète Elie jusqu'à nos jours, rien n'empêche de croire que cette montagne a été depuis les temps les plus reculés un lieu de retraite dans lequel de pieux anachorètes ont recueilli à diverses époques le souvenir des prophètes qui ont illustré ce glorieux sommet. Un grand nombre de grottes, taillées dans les flancs de la montagne, attestent la vérité de cette tradition. Il en est une plus grande que les autres, située au pied de la montagne, en face de la mer, et que l'on nomme l'Ecole des prophètes. Elle est taillée de main d'homme, haute et spacieuse. Ne serait-ce point là qu'Elie faisait entendre sa voix, au milieu de ces générations de prophètes qui tenaient en échec les rois impies d'Israël, et dont le sang fut répandu à torrents par Jézabel? En tous cas, ce n'est pas loin d'ici que l'Ecriture sainte place plusieurs scènes de la vie des prophètes Elie et Elisée. C'est sur le Carmel que Dieu glorifia Elie au milieu des prêtres de Baal, en faisant descendre le feu du ciel sur les victimes préparées par le prophète. C'est là encore que la Sunamite vint chercher Elisée pour lui demander de ressusciter son enfant.

Depuis l'ère chrétienne, le souvenir des prophètes fut recueilli, dit-on, par de pieux ermites qui, dès le premier siècle, choisirent le Carmel pour s'y consacrer d'une manière spéciale au culte de la Sainte Vierge. Quoi qu'il en soit de cette tradition, il est certain que vers la fin du XIIe siècle le Carmel était habité par de nombreux ermites; l'un d'entre eux les réunit en communauté, et ils prirent le nom de Frères de la Sainte Vierge du Mont-Carmel. Ils se répandirent dans toute l'Europe, et principalement en Angleterre, où saint Simon Stock institua la confrérie du Scapulaire. C'est ainsi que cette dévotion, devenue si populaire et regardée encore aujourd'hui comme le signe distinctif des serviteurs de la Sainte Vierge, se rattache aux antiques traditions qui placent sur le sommet du Carmel la première église dédiée à la Mère de Dieu.

Aujourd'hui, bien entendu, aucune pierre ne parle sur ce sommet pour raconter quelques-uns de ces antiques souvenirs. L'ancien couvent, détruit en 1820 par Abdallah, pacha de Saint-Jean-d'Acre, a été magnifiquement reconstruit par un religieux italien, le frère Jean-Baptiste. Ce pauvre religieux, sans autre secours qu'une foi à toute épreuve et des aumônes recueillies à la sueur de son front, a élevé au sommet de la montagne un véritable palais et une grande église surmontée d'une vaste coupole. On se demande, en contemplant ces quatre façades, dont chacune compte au moins douze fenêtres largement espacées, comment un seul homme sans ressources ni protection d'aucune sorte a pu concevoir et exécuter un projet aussi gigantesque. Aujourd'hui l'œuvre est achevée, grâce au zèle du frère Charles, digne successeur du frère Jean-Baptiste. Une quinzaine de religieux habitent le couvent, récitent l'office et offrent aux pèlerins la plus cordiale hospitalité.

Le lendemain de notre arrivée, quelques instants avant notre départ, nous eûmes l'heureuse fortune de voir aborder Mgr le patriarche qui revenait de l'île de Chypre, où il avait donné la confirmation. Mgr Valerga nous fit l'accueil le plus aimable, et, avant notre départ, il nous adressa quelques bonnes et touchantes paroles sur l'utilité des pèlerinages en Terre sainte. Il n'oublia point de nous dire que ces pèlerinages ne peuvent relever le nom chrétien en Palestine et honorer les nations européennes vis-à-vis des infidèles qu'autant qu'ils seront chrétiennement accomplis.

Il serait, en effet, bien fâcheux que le pèlerinage de Terre sainte devînt un amusement d'oisifs et de curieux. Les Arabes ne respecteront le nom chrétien qu'autant qu'ils le verront porté par des chrétiens faisant acte de leur foi. Ces barbares ne se sont pas encore élevés à la hauteur d'une religion philosophique, qui admet tous les cultes sans en professer aucun. Ils croient que la seule manière d'honorer Dieu, c'est de lui rendre visiblement hommage en suivant pour cela une règle qu'il n'est pas permis d'enfreindre. En attendant que l'on soit parvenu à leur persuader que, de toutes les religions, la meilleure est celle qui consiste à ne pas prier Dieu, il importe de faire respecter au milieu d'eux le nom chrétien, en leur montrant que ceux qui le portent ont une croyance et un symbole.

Hélas! faut-il le dire? le pauvre Orient, avec ce mélange de religions de toute sorte que l'on y rencontre à chaque pas, peut devenir une pierre de scandale pour quelques-uns de nos faibles chrétiens d'Occident; s'ils y viennent imbus de ce détestable préjugé qui, sous le nom de tolérance, admet l'égalité de tous les cultes, non-seulement devant la loi, ce qui est une nécessité, mais encore devant la raison, ce qui est tout bonnement une folie, ils ne manqueront pas de trouver charmante cette bigarrure de sectes diverses qui se heurtent dans un étroit espace. Au lieu de chercher la vérité parmi ces divisions, ils trouveront plus commode et plus vite fait d'envelopper dans un même dédain grecs, juifs, arméniens et catholiques, sauf à chercher ensuite dans des espaces imaginaires l'idée chrétienne transformée au gré de leurs caprices.

Une autre cause qui pourrait entraver les progrès du christianisme en Terre sainte, ce serait le défaut d'entente entre les puissances catholiques que leur position appelle à protéger les instincts religieux de cette malheureuse contrée. Si la question religieuse ne domine pas la question politique, on ne verra que de mesquines rivalités d'influence là où toutes les forces devraient s'unir pour conspirer ensemble au triomphe de la vérité. Au Carmel, j'appris avec regret que l'archiduc d'Autriche, revenant par la mer de Jérusalem, avait refusé d'aborder à Caïpha et de monter au couvent, en apercevant le drapeau français qui flottait au sommet de la montagne. Trompé par de faux rapports, il ignorait, sans doute, que le couvent du Carmel, dont la fondation est regardée comme une fondation française, possède *ab antiquo* le droit d'arborer notre pavillon. Ce n'est là qu'une bien petite misère; mais elle est d'un fâcheux indice. Aujourd'hui, surtout, que l'influence des puissances catholiques grandit en Terre sainte en proportion de l'affaiblissement de l'autorité turque et du nom de la Russie, il faudrait unir les forces et non les diviser. On a vu, à l'occasion de nos triomphes en Crimée, les drapeaux des puissances chrétiennes flotter à Jérusalem. J'espère qu'il s'ensuivra quelque chose de meilleur qu'une satisfaction de vanité pour les consuls des différentes nations européennes. Le drapeau des croisés est le seul que les chrétiens puissent désirer voir s'élever en Terre sainte ; car c'est le seul devant lequel tous les autres aient le devoir et le droit de s'incliner.

Le 9 octobre, nous quittions le Carmel pour suivre pendant trois jours le bord de la mer, et arriver enfin à Beyrouth.

Je dois m'excuser de n'avoir que peu de chose à dire de cette partie de mon voyage. Il arrive un moment où, lorsque le repos manque, l'attention s'enfuit, égarée qu'elle est par la fatigue. Et pourtant cette côte, sur laquelle on heurte les plus antiques traditions de l'histoire profane, mêlées à celles du peuple de Dieu, demanderait un peu de ce recueillement sans lequel les souvenirs échappent. Je suis heureux toutefois d'avoir foulé le sol de Tyr et de Sidon, d'avoir parcouru cette route, qui a conservé l'empreinte des conquérants de tous les âges, depuis Nabuchodonosor jusqu'à Richard Cœur-de-Lion.

Les villes encore debout que l'on rencontre sur la plage ne doivent pas seulement l'attrait qu'elles inspirent aux souvenirs qu'elles éveillent. Saint-Jean-d'Acre, Tyr et Sidon, assises au bord de la mer, ou plutôt dans le sein de la mer, *in sinu maris*, comme dit l'Ecriture sainte en parlant de Tyr, produisent encore une illusion qu'elles doivent à l'immensité qui les entoure. La mer qui les baigne n'a plus de vaisseaux ; on chercherait en vain pour reconstruire les flottes de la Phénicie l'antique parure de ces monts dépouillés, dont la chaîne se prolonge jusqu'au Liban ; mais le paysage au milieu duquel apparaît l'image solitaire des vieilles cités transforme, de loin, en palais les masures qui se sont élevées sur leurs ruines.

A Saint-Jean-d'Acre, je visitai la citadelle, qui porte encore en maint endroit la trace du dernier bombardement. Du haut des remparts, le regard embrasse la plaine où se mouvait l'innombrable armée des croisés ; au delà, sur le flanc de la montagne, on replace le camp des Sarrasins. Dans l'intérieur de la ville, c'est à peine si l'on montre quelques ruines du moyen-âge. Des ogives de cette époque se voient pourtant encore près du couvent des Franciscains et dans l'église des grecs-unis, qui s'élève sur l'emplacement de l'ancien couvent des Templiers. Voilà tout ce qui reste de l'ancienne cité qui arrêta pendant deux ans tous les efforts de l'Occident, réunis en une troisième croisade après la prise de Jérusalem, et qui, redevenue après la victoire des croisés la ville la plus florissante de toute la Syrie, fut reprise et saccagée un siècle après par les musulmans. Une ruine toute récente s'élève au milieu de Saint-Jean-d'Acre : c'est la célèbre mosquée de Djezzar-Pacha. Elle servit de point de mire, en 1840, aux artilleurs anglais. Les marbres splendides enlevés pour la décorer aux plus anciens monuments de la Palestine et de la Syrie ne seront bientôt plus qu'un monceau de décombres.

De Tyr, il ne reste qu'un vestige. Du sommet du cap Blanc, on aperçoit au loin cette ruine détrônée qui avance dans la mer le piédestal de son antique gloire. Quand on approche, on ne distingue plus, au delà des sables continuellement amoncelés par les vagues, que de pauvres masures, un château ruiné et les débris d'une église du moyen-âge. Voilà tout ce qui reste de Tyr.

On a fait des dissertations savantes sur l'ancienne Tyr, sur les deux cités dont l'une, bâtie sur le continent, fut détruite par Nabuchodonosor, et l'autre, qui s'élevait dans une île autrefois séparée du continent par un bras de mer, fut saccagée par Alexandre. J'ai voulu lire un de ces travaux ; mais il m'a paru aussi obscur que les explications qu'un Arabe me donnait sur les lieux. Il n'y a de clair et de précis que les oracles qui planent au-dessus de cette plage. Je relisais Ezéchiel en parcourant la presqu'île habitée par des pêcheurs, qui, suivant la parole du prophète, font sécher leurs filets sur les pierres du rivage.

De Tyr à Sidon on rencontre des vestiges entièrement méconnaissables, mais qui permettent de replacer dans ces parages les villes d'Ornithopolis et de Sarepta. Non loin de Sarepta, dans le flanc de la montagne, on trouve les grottes d'Adloun. Ces grottes ont le privilège d'être un thème de dissertations savantes. Doit-on les regarder comme des sépulcres antiques, ou comme des cellules d'anachorètes ? La question n'est pas encore tranchée. Le débris le plus net que j'aie rencontré sur ce rivage est un milliaire romain, couché dans le sable, et dont l'inscription est encore parfaitement lisible.

J'avais hâte d'arriver à Sidon, beaucoup moins, je dois le dire, pour voir ce qui reste de l'antique capitale de la Phénicie, de la mère de Tyr et de Carthage, que pour retrouver un souvenir de la Franche-Comté.

Je savais qu'un prêtre de notre diocèse, M. Rousseau, avait tout dernièrement quitté sa paroisse de Velleguindry, après avoir réalisé sa petite fortune, pour venir se dévouer sur le rivage de la Syrie à l'institution des enfants chrétiens de Saïda. Depuis quelques années, l'école chrétienne de Saïda n'existait plus ; les revenus manquaient pour son entretien. M. Rousseau, en débarquant à Beyrouth, apprend que le consul de France désirait vivement le rétablissement de cette école ; les Jésuites de Beyrouth, trop pauvres pour ajouter cette nouvelle charge à toutes celles qui pèsent déjà sur leur mission, lui promettent leur concours, et, bientôt après, le curé de Velleguindry partait pour Saïda, en compagnie d'un P. Jésuite, et s'installait dans une petite chambre du couvent des Franciscains, en attendant l'occasion d'acheter un bâtiment pour son école. C'est là que je l'ai trouvé, un peu malade et payant sa dette à ce terrible climat, qui ne ressemble guères à celui des plaines de la Haute-Saône. Je ne l'avais jamais vu, mais les Comtois se devinent de suite, surtout lorsqu'ils ont ouvert la bouche. Je m'épanouis en voyant ce visage ami, dont une longue barbe n'altérait point la sérénité toute comtoise. M. Rousseau me développa ses plans ambitieux. Il était sur le point d'acheter quelque chose comme un palais. Il y aurait place pour une école de cent cinquante élèves; plus un petit pensionnat recueillerait les enfants des familles européennes que le commerce a fixées à Saïda. Tout cela serait mis sous la protection de saint Louis, en l'honneur duquel on doit ériger une chapelle.

Ce zèle si simple et si touchant trouvera sans doute de l'écho. La fondation des écoles est, sans contredit, l'œuvre principale en Terre sainte et, je crois aussi, dans tout l'Orient. Les catholiques, égarés au milieu des infidèles et des schismatiques, n'ont qu'une foi bien peu éclairée; leurs mœurs sont faibles comme leur foi. Pour exercer sur eux une influence véritable, il faut commencer par façonner les enfants en jetant dans un bon moule leur cœur et leur intelligence. Le caractère des Orientaux ne les rend pas capables d'études longues et persévérantes, mais ils ont l'esprit vif et docile. Avant de juger sévèrement l'état misérable auquel ils sont réduits, il faut se rendre compte de l'abandon dans lequel ils ont vécu. L'Orient, depuis le jour où il a laissé s'affaiblir et presque s'éteindre dans son sein la lumière de l'Evangile, n'a été soutenu que bien imparfaitement par l'Occident. Déchiré par mille sectes, tombé sous le joug de fer de l'islamisme, il est resté presque inabordable. Aujourd'hui qu'il commence à respirer, on peut concevoir l'ambition de le régénérer. Mais pour cela, il faut le connaître et ne vouloir appliquer sur ses plaies d'autre baume que celui qui peut les guérir.

C'est une grande erreur que de vouloir imposer aux Orientaux les règles de notre civilisation. Bien au contraire, si nous voulons exercer sur eux quelque influence, c'est à nous de nous accommoder non-seulement à leurs langues, mais encore à leurs usages et à leurs mœurs, toutes les fois qu'elles ne sont en contradiction formelle ni avec la loi naturelle ni avec la loi révélée.

C'est le privilége de la race de Japhet, de cette race aventureuse et infatigable, de se répandre dans tous les lieux de la terre. Dieu, par la bouche du patriarche Noé, lui a promis cet esprit d'aventures et de conquêtes. *Dilatet Deus Japhet*, disait le patriarche en bénissant le plus jeune de ses fils; que Dieu dilate Japhet. Mais si Japhet veut poursuivre ses destinées, il devra se résigner à n'occuper qu'une place dans la tente de son frère aîné : *Dilatet Deus Japhet, et habitet in tabernaculis suis*; il ne devra donc point renverser cette tente pour la remplacer par de somptueux édifices ; ou, pour parler sans métaphore, bien loin de chercher à lui imposer sa civilisation, il devra, au contraire, adopter la sienne.

On ne peut s'empêcher de sourire quand on pense qu'une commission élabore à Constantinople un projet de Code civil à l'instar du Code français. C'est tout justement le contrepied de ce qu'il faudrait faire si l'on veut acquérir une influence durable en Orient. Mais nous sommes égarés par la fausse interprétation que nous avons donnée à ce mot civilisation. Si par civilisation l'on entend l'ensemble des idées morales d'après lesquelles l'homme fait le bien et fuit le mal, il faut dire qu'elle est identiquement la même sous toutes les latitudes. Mais si l'on entend par ce mot les lois positives qui, en dehors des obligations de conscience, règlent les relations extérieures des hommes entre eux, alors il faut dire qu'il y a autant de civilisations qu'il y a de races distinctes dans le monde. Changer les usages d'une nation lorsqu'ils ne sont point mauvais en eux-mêmes, c'est faire inutilement violence à ses instincts légitimes. Les Orientaux deviendront-ils plus justes parce qu'ils auront adopté les formes lentes et compliquées de notre justice; plus honnêtes lorsque leurs contrats seront faits sous l'empire de notre droit? Ne sait-on pas, au contraire, que dans une transaction quelconque, la parole d'un Turc ou même d'un Arabe vaut mieux que toutes les garanties? Et quand on les aura tous affublés de nos affreux habits étriqués, qu'est-ce qu'ils y gagneront, sinon de ressembler à des paysans endimanchés? Laissons-leur donc leurs coutumes, leurs lois, leurs manières d'être, leur civilisation, en un mot; et si Dieu livre Sem entre les mains de son frère Japhet, que celui-ci n'use de sa puissance que pour rectifier dans l'intelligence et dans le cœur du pauvre Sem ce qui s'écarte des lois de l'éternelle vérité.

Il est vrai que pour atteindre ce but, le fier Japhet fera bien de s'adresser à ses prêtres. Eux seuls tiennent entre leurs mains le code véritable dont la lumière a éclairé le monde, et selon lequel toutes les nations seront un jour jugées; eux seuls ont reçu la mission de propager, d'interpréter ce code et de réformer suivant ses prescriptions ce qui, dans les lois humaines, s'écarte de la loi de Dieu. Espérons que le nombre de ces vrais civilisateurs s'accroîtra de plus en plus, et que la lumière, après avoir été ranimée par eux chez les populations chrétiennes de l'Orient, se répandra de proche en proche, et finira par pénétrer là où elle semble rencontrer les plus invincibles obstacles.

Bon courage donc à l'excellent M. Rousseau ! Que Dieu lui envoie de vaillants compagnons de son apostolat, et que ceux qui ne peuvent le suivre que de leurs vœux lui fassent passer du moins un peu de leur superflu ! L'aumône recueillie par de telles mains deviendra, sans aucun doute, la semence qui germe dans la terre pour fructifier au centuple.

VIII.

Rome, 1er février 1856.

Mon cher Louis, avant d'escalader les pointes escarpées du Liban, je veux te dire un mot de Beyrouth, où j'arrivais le 12 octobre. Beyrouth s'annonce de loin par ses jardins, dont la verdure éclatante tranche fortement sur les sables mouvants qui menacent la ville au midi, du côté opposé à la mer. De riantes villas surgissent de toutes parts au milieu d'une végétation luxuriante, sur laquelle un soleil brûlant n'a pas laissé trace de ses rayons. C'est là que les consuls de toutes les nations ont fixé leur résidence, pour échapper, autant que possible, à l'influence de la température brûlante de la cité. Après avoir cheminé pendant assez longtemps dans un sentier profondément encaissé entre deux haies de nopals, nous suivîmes une rue étroite, dont la pente rapide nous conduisit au sommet le plus élevé de la colline sur laquelle la ville est assise. Mes yeux, de cette hauteur, se reposèrent sur un de ces paysages complétement beaux, auxquels ils n'étaient plus accoutumés. Les plaines arides et les monts dévastés de la Palestine avaient disparu. Au midi, les riants jardins que je venais de traverser se déployaient comme un riche tapis. Çà et là les terrasses des maisons de plaisance se dressaient parmi les bosquets de caroubiers et de sycomores. Au nord et au levant, la mer, creusant une baie profonde, étendait aux pieds du Liban la nappe de ses eaux, qui allaient doucement mourir sur le sable fin du rivage. Au delà, ces monts, pleins de gloire et de souvenirs, ouvraient, pour accueillir la lumière du soleil couchant, les sinuosités profondes de leurs coteaux chargés de cultures et de couvents maronites. Mon regard cherchait les cèdres en errant au hasard vers les cimes les plus élevées, et, tout brisé que j'étais par les rudes étapes de mon pèlerinage à peine terminé, j'avais hâte de recommencer un nouveau et plus pénible voyage au milieu des montagnes du Liban. C'était comme un pressentiment de la joie profonde que je devais goûter au sein de cette nature, dont le langage, moins sévère, moins éloquent peut-être que celui de la Palestine, redit encore pourtant sous une forme plus attrayante quelque chose de la grandeur et de la justice de Dieu.

Mon premier soin en arrivant à Beyrouth fut de chercher la résidence des Jésuites. Je savais que j'y étais attendu. En franchissant le seuil de leur demeure, je n'entrais pas seulement en pays chrétien, en pays français ; c'était la Franche-Comté que je devais retrouver à Beyrouth.

Il ne me fut pas difficile de rencontrer ce que je cherchais ; la demeure des Pères est connue de tous les chrétiens de Beyrouth. Ils sont là comme partout d'infatigables ouvriers, remuant courageusement le coin de terre dans lequel ils déposent la semence. Là, du moins, ils n'inspirent ni jalousie ni terreur. On ne peut leur reprocher d'aspirer à la domination, à moins que l'on ne veuille appeler de ce nom l'influence qu'ils exercent sur une partie des pauvres populations du Liban. A Beyrouth ils ont une église et une école. Ils font la classe aux enfants et réunissent chaque dimanche dans une chapelle spéciale un nombre assez considérable de jeunes gens qu'ils ont organisés en congrégation. Une congrégation à Beyrouth ! Qui se serait attendu à retrouver si loin de Paris cette formidable et mystérieuse puissance ?

A peine entré dans leur pauvre résidence, je me vis entouré d'une vingtaine d'enfants qui, pour me donner sans doute un échantillon de leur savoir, me saluèrent aux cris mille fois répétés de Bonjour, Monsieur ! Quelques instants après, les plus chers souvenirs de Franche-Comté étaient échangés avec des amis que je n'avais jamais vus, mais qui voulaient bien m'accueillir sans cérémonie au nom de cette patrie que l'on n'oublie jamais. Je pus, néanmoins juger de la sincérité d'affection avec laquelle ils avaient adopté l'étrange patrie que d'autres appelleraient un exil. Je demandais au Père C..... s'il avait reçu dernièrement quelques nouvelles de la montagne. Chacun sait en langue comtoise ce que l'on veut dire quand on parle de la montagne. A quoi le Père me répondit qu'il avait quitté Bikfaïa depuis quelques jours seulement. Bikfaïa est la principale résidence des Jésuites dans le mont Liban. Le quiproquo me parut plaisant. Je promis au Père que je le dénoncerais à..., et qu'il aurait à répondre d'une méprise qui me révélait le fond de son cœur.

Le lendemain, je passai une partie de la journée à dresser mes plans de campagne. Je n'avais qu'une dizaine de jours devant moi ; je pouvais les mettre à profit soit en continuant à associer mes destinées à celles de la caravane, qui devait traverser rapidement le Liban pour se rendre à Damas, soit en organisant de mon côté un autre itinéraire dans lequel je sacrifierais Damas pour visiter en détail les parties les plus intéressantes du Liban. Je m'arrêtai à ce dernier parti. Un brave Maronite, plein d'intelligence et de bon vouloir, se chargea de ma conduite, et il fut décidé que, le lendemain dimanche, après avoir dit la messe, je partirais seul en compagnie de David.

Traverser la chaîne du Liban pour tomber sur Balbeck; la franchir de nouveau pour visiter les cèdres; redescendre vers la mer en suivant la vallée des Saints ; remonter ensuite dans le Kesrhouan pour visiter Gazin, Bzhommar et Antoura; redescendre enfin vers Beyrouth : voilà mon itinéraire.

Le lendemain donc, 14, entre 10 et 11 heures, je disais à revoir aux Pères, et je partais avec mon fidèle David, qui ne se sentait pas de joie à la pensée qu'il allait revoir sa chère montagne. Le brave homme m'avait communiqué sa bonne humeur : il avait l'air si sûr de son fait, si peu en souci de la manière dont nous nous tirerions d'affaire, sans tente, à peu près sans bagage, remettant entre les mains de la Providence le soin de nous trouver chaque soir le vivre et le couvert!

Après avoir suivi pendant une ou deux heures le bord de la mer, nous commençâmes à gravir les sentiers de la montagne. Je dis sentiers pour employer un terme quelconque, car les routes du Liban ne sont, en réalité, ni des routes, ni des sentiers, ni des chemins.

Ici c'est un escalier pratiqué dans le roc, là c'est une corniche étroite entre la montagne et un précipice ; ailleurs il faut s'aventurer sur la pente d'un rocher luisant qui n'offre aucune prise aux pieds des chevaux. On sent ces malheureuses bêtes qui tremblent de tous leurs membres en s'aventurant sur ces passages dangereux. Le plus souvent, il est vrai, elles rencontrent un trou profond creusé par l'usage aux endroits les plus fréquentés ; mais il n'est pas rare que leur pied, une fois introduit dans ce trou, refuse d'en sortir. Je montais une excellente et vigoureuse bête, qui faillit ainsi se casser la jambe.

Mais, dans le Liban, l'attention du voyageur est trop fortement occupée par les curiosités qu'il rencontre à chaque pas pour qu'il lui soit permis de se préoccuper de ces petits dangers. Tout attire et charme le regard, depuis le trou de l'anachorète, qui s'ouvre sur un abîme au flanc d'un rocher taillé à pic, jusqu'au monastère, dont les terrasses grises couronnent tous les sommets que la vue peut atteindre. Il en est qui, paraissant vouloir se dérober tout à la fois à la terre, au ciel et à la lumière, s'enfoncent profondément dans le flanc de la montagne. On ne distingue que la façade et le clocher ; le reste échappe au regard et recèle comme un asile impénétrable la vie laborieuse et la prière des moines.

Ce n'est pas une nature riante ni de gracieux paysages qu'il faut aller chercher au milieu de ces grottes étroites et profondes. Tout est âpre et rude; partout on retrouve la main de l'homme, la trace d'une vie active et laborieuse, le signe consolant de cette énergie patiente qui lutte contre mille obstacles pour accomplir l'une des plus saintes lois de la création, la loi du travail. Les pauvres Maronites ont été placés dans ces montagnes par la main de Dieu, comme Adam dans le paradis terrestre, pour les garder et les cultiver. Sans doute, leur Eden ne ressemble guères à celui de nos premiers parents; mais si la nature ne paraît céder qu'à regret sous les coups redoublés de leurs bras infatigables, son âpreté même les protège contre leurs ennemis. Ils sont là comme de vaillants soldats, conservant le royaume de Dieu, qui ressemble à un grain de senevé, et perpétuant au milieu des ennemis du nom chrétien, entre les Arabes, les Druses et les Metualis, une race de croyants fidèles. Dieu leur a refusé la richesse et les jouissances d'une vie facile ; mais il leur a donné la première des béatitudes, la béatitude de la pauvreté. Il faut croire qu'ils aiment leur pauvreté, car rien n'égale l'attachement du Maronite pour sa patrie; il verse des larmes lorsqu'il est obligé de la quitter.

Que de livres n'a-t-on pas écrits pour répondre à cette question : En quoi consiste le bonheur des nations ? Combien de théories n'a-t-on pas essayées pour résoudre le problème ? Mais le plus souvent on a prétendu en venir à bout par des expédients qui plaçaient le remède à côté du mal. On a oublié que les peuples sont un composé d'individus, et que pour guérir les plaies des nations, il faut commencer par atteindre les plaies du cœur humain. S'il n'est donné à l'homme d'obtenir en ce monde qu'un bonheur incomplet et relatif, comment pourrait-il être donné aux races humaines de parvenir à une félicité sans trouble ? La loi de la souffrance pèse sur les peuples, comme elle pèse sur les individus. Dieu, sans doute, nous apprend qu'il a fait les nations guérissables, mais il n'a pas indiqué pour guérir leurs misères d'autres remèdes que ceux qu'il nous offre pour atteindre et tarir dans nos âmes les sources de la souffrance. La douleur causée par le mal moral est, sans contredit, plus cuisante que toutes les autres souffrances; cela est vrai pour les nations tout autant que pour les individus; pour les unes et les autres, le remède est semblable, parce que la cause du mal est la même. Calmez les désirs déréglés de l'âme, c'est-à-dire ses passions, donnez-lui la patience et le courage, c'est-à-dire la vertu; ouvrez-lui pour cela les trésors de la vertu divine, c'est-à-dire rendez-la religieuse, et croyez bien que le remède sera trouvé, aussi bien pour les maux des nations que pour les maux des individus. Cela fait, il y a tout lieu de croire que le mal physique diminuera dans la même proportion que le mal moral. Sans doute, il ne sera pas supprimé, parce qu'il est nécessaire à notre épreuve, parce que c'est lui qui donne à la vie ce caractère d'épreuve et de tentation sans lequel nous n'aurions pas le dernier mot de notre existence; mais, éclairées par la lumière de Dieu, les nations, comme les individus, comprendront la raison de ce mal, la place qu'il occupe dans l'économie de la Providence; elles l'accepteront comme l'on accepte tout ce que l'on reconnaît clairement être sage, juste et profitable.

J'arrivai de bonne heure à Bikfaïa; inutile de dire que je fus le bienvenu au milieu d'une petite communauté composée de trois ou quatre Pères qui évangélisent les alentours à une distance assez considérable. Le P. Estève, qui dirige la mission, est identifié avec ces pauvres gens au milieu desquels il a passé de longues années. Bikfaïa lui a dû son salut pendant les dernières guerres qui ont désolé le Liban. Il est allé trouver Ibrahim-Pacha, qui campait à une petite distance du village, menaçant de lui faire subir le même sort qu'aux autres malheureuses bourgades dont on voyait fumer les ruines de tous côtés. Il avait eu soin d'appuyer ses prières d'un argument auquel Ibrahim ne résistait pas. Quelques bouteilles des plus vieux vins de la montagne assurèrent le succès de la pétition.

Le soir, je demeurai longtemps sur la terrasse de la maison des Pères, occupé à contempler le spectacle que j'avais sous les yeux. La mer, vue de cette hauteur, m'apparaissait comme une plaine immense. La lumière, en se jouant sur sa surface, figurait un vaste désert dont nul vestige humain ne troublait la solitude. Le soleil descendait à l'horizon, et lorsque ses feux, s'éteignant peu à peu, commençaient à se perdre dans le crépuscule, son disque réfracté parut tout d'un coup sortir du sein de la mer, pour s'y replonger subitement. Une dernière lueur, semblable à un lointain incendie, colora encore l'horizon pendant quelques instants; puis les feux de la nuit commencèrent à scintiller au firmament. Je fus tiré de ma rêverie par un Maronite de famille princière, qui venait me souhaiter la bienvenue au milieu de ces montagnes, que son oncle, l'émir Naïdar, a gouvernées pendant dix ans. Ce grand seigneur vit pauvrement à Bikfaïa, à peu près ruiné, comme le sont presque tous les princes de la montagne, par suite des exactions que des maîtres de toute sorte ont fait peser sur le Liban.

Il est impossible de prendre parti pour l'un ou l'autre de ces maîtres rapaces qui se disputaient ce malheureux pays avant l'intervention des puissances européennes en 1840.

L'émir Béchir a laissé un nom que les Maronites respectent encore, parce qu'il leur rappelle le souvenir d'une antique famille qui a gouverné le Liban pendant près de neuf siècles; il faut dire pourtant que le célèbre émir a contribué plus qu'aucun autre à appauvrir le Liban, soit par ses exactions, soit par son alliance avec les Egyptiens, dont les troupes ravagèrent la montagne jusqu'au moment où les flottes combinées de la Turquie, de l'Angleterre et de l'Autriche parurent sur les côtes de la Syrie. Depuis les traités qui ont enlevé la Syrie à Méhémet-Ali, le Liban a respiré; mais les plaies profondes qui lui ont été faites sont loin d'être fermées; ses pauvres populations ressentiront encore longtemps les conséquences des guerres désastreuses qui ont désolé leurs montagnes. Ce qu'il faut aux Maronites, c'est la protection désintéressée d'une puissance qui ne verrait en eux que des coreligionnaires à défendre contre les entreprises des Druses, des Grecs et des Métualis. Les Turcs ne renouvelleront sans doute pas des cruautés qui sont d'une autre époque; mais ils n'éprouveront jamais de sympathie pour un peuple qui a été pendant si longtemps leur victime et qui ne pourra jamais oublier les maux qu'il a soufferts. Les Anglais ont été plus que compromis vis-à-vis de ces fidèles croyants par le prosélytisme de leurs colporteurs de Bibles. Ils sont même fortement accusés d'avoir réchauffé contre les Maronites les vieilles haines des Druses, leurs implacables voisins.

C'est toujours vers la France que sont tournés les regards de ces pauvres gens; l'abandon dans lequel ils ont été laissés pendant tout le règne de Louis-Philippe n'a pas lassé leurs espérances. C'est toujours le nom de la France qu'ils invoquent. Chaque fois que ses représentants interviendront avec fermeté dans les affaires de la montagne, ils imposeront leurs décisions. On a vu dernièrement notre consul, M. de Lesseps, mettre fin à des haines sauvages qui remplissaient un coin de la montagne de meurtres et d'incendies.

D'ailleurs, de quoi s'agit-il? Les Maronites ne viendront jamais nous demander une constitution. Cultiver en paix ces maigres champs qu'ils arrosent de leurs sueurs, vivre pauvrement du prix de la soie qui sort de leurs misérables chaumières pour aller enrichir les négociants de Damas, et, par dessus tout, accomplir paisiblement les préceptes d'une religion à laquelle ils doivent l'unique joie dont ils jouissent en ce monde : voilà à quoi se réduisent leurs exigences. Plût à Dieu que tous les peuples du monde fussent aussi faciles à contenter !

Le 15, je quittai Bikfaïa pour me rendre à Zhahlé. Zhahlé est un gros bourg, dont la population se compose presque uniquement de grecs unis ; il est agréablement situé en face de l'anti-Liban, sur le penchant des monts qui descendent vers la plaine de Balbeck. J'avais l'immense fortune de faire mon étape en compagnie du nouveau supérieur de la mission que les Jésuites ont fondée depuis peu d'années à Zhalhé. Le P. Soragna appartient à l'une des premières familles de Parme. Qui aurait pu s'attendre à rencontrer au milieu de ces pauvres montagnes le descendant d'une famille princière ? Il allait prendre possession de sa nouvelle résidence, et pour rendre sans doute son voyage plus pompeux, on lui avait donné une mule dont les flancs, démesurément élargis, contenaient des provisions de toute espèce. Le malheureux Père fut condamné à occuper au sommet de cette montagne une position aussi incommode que glorieuse. Nous arrivâmes toutefois sans encombre jusqu'à la maison des Pères ; c'est un vaste hangar, aussi pauvre que les plus pauvres maisons de l'endroit. Non loin de là, l'église des Grecs unis élève ses constructions, qui ne sont pas encore terminées, et que surmonte déjà pourtant une coupole de vaste dimension. Les Jésuites n'ont, en guise de chapelle, qu'une pauvre salle à peine décorée des ornements indispensables. C'est là qu'ils instruisent une population que ses prêtres laissent croupir dans la plus profonde ignorance. Les Jésuites ne suffiraient pas à la besogne ; aussi ont-ils soin de choisir des catéchistes parmi ceux des fidèles des deux sexes qui leur paraissent les plus intelligents et les plus dévoués. Ces catéchistes se réunissent plusieurs fois la semaine auprès des Pères, et là ils reçoivent l'instruction qu'ils sont ensuite chargés d'aller porter de village en village.

Il est triste de le dire, mais le clergé indigène du Liban, aussi bien parmi les Maronites que parmi les Grecs unis, est à peu près incapable d'instruire le peuple qui lui est confié. La science des prêtres maronites se réduit le plus souvent à pouvoir lire sans les comprendre les livres liturgiques, qui sont écrits en langue syriaque. Quant aux Grecs, ils n'ont pas même de langue liturgique, et tous leurs livres sont écrits en arabe, c'est-à-dire en langue vulgaire.

Chez les Maronites, on travaille en ce moment avec ardeur à sortir de cet état. Le patriarche, qui est un homme instruit et éclairé, s'occupe de fonder des colléges et des séminaires ; quelques évêques en font autant ; avec le temps la réforme s'opérera, et l'on arrivera peu à peu à avoir des prêtres qui seront autre chose que de bons paysans admis presque sans aucune préparation à l'honneur du sacerdoce. La première condition de cette réforme, c'est le célibat ; lui seul peut faire du prêtre un homme véritablement consacré à Dieu et dévoué aux devoirs de son ministère. Le célibat aujourd'hui n'est exigé que pour l'épiscopat. Toutefois, là où il y a des séminaires, les évêques commencent à l'imposer comme une condition indispensable de l'ordination.

Le 16, je quittais Zhahlé pour me rendre à Balbeck. L'immense plaine qui sépare le Liban de l'Anti-Liban se déroulait devant moi. Çà et là, quelques pauvres hameaux habités par des Métualis attristent encore plutôt qu'ils ne rompent la monotonie de cette solitude. Après quelques heures de marche, je commençai à distinguer les ruines gigantesques de Balbeck. Le soleil, en éclairant ces hautes murailles, ces temples et ces colonnes encore debout, leur donnait l'aspect d'une vaste cité.

A un quart de lieue de la ville, on rencontre une première ruine : huit colonnes de granit rouge supportent d'énormes pierres disposées en forme octogone. Il est facile de voir que cette construction informe a été composée avec des débris enlevés aux temples de Balbeck. Il est, je pense, inutile d'y rechercher autre chose que les vestiges d'une mosquée abandonnée.

Plus près de la ville, au flanc de la montagne, je me détournai pour visiter l'ancienne carrière où les géants des âges antiques venaient chercher ces énormes pierres qu'ils taillaient sur place et transportaient ensuite on ne sait par quels procédés. On y voit encore un bloc de granit taillé sur trois de ses faces et qui tient au rocher par la quatrième. Sa longueur est d'une quarantaine de pieds ; il en a à peu près douze en hauteur et en largeur ; de petits trous noirs se remarquent sur ses flancs de distance en distance et paraissent destinés à recevoir les crampons à l'aide desquels on devait soulever l'énorme masse. La partie inférieure et la plus ancienne des constructions de Balbeck offre des blocs semblables ; il en est quelques-uns dont les dimensions sont plus considérables.

Après avoir suivi pendant quelques instants encore le pied de la montagne, je fis mon entrée dans la ville du Soleil. J'avais hâte de trouver un abri ; mais cette préoccupation vulgaire fut sévèrement punie par l'accueil inhospitalier que je reçus dans la maison de l'évêque grec uni. On me l'avait indiquée comme la seule dans laquelle il fût possible de se loger, et, plein de confiance dans ma bonne étoile, j'avais négligé de me munir d'une lettre à l'adresse de l'évêque. Mon fidèle David, qui avait pris les devants pour annoncer ma seigneurie, revint au bout de quelques instants avec un visage qui n'annonçait rien de bon; on lui avait indiqué pour tout logement une sorte de salle basse, pour ne rien dire de plus; il m'en fit une description si peu encourageante, que je résolus d'aller chercher fortune ailleurs. Il était évident que l'évêque ne tenait point à ma visite. Mon parti fut bientôt pris, et quelques instants après, j'étais installé au milieu d'une famille d'honnêtes marchands, dont l'accueil hospitalier suffisait amplement aux vingt-quatre heures que je devais passer à Balbeck.

Le soir, je fis une première visite aux ruines. J'errai au hasard, pendant deux heures, au milieu de débris de toute espèce, de voûtes écroulées, de colonnes ébranlées ou renversées; on en voit plusieurs qui, seulement inclinées par la secousse des tremblements de terre, vont frapper les hautes murailles et penchent sur leurs bases, comme des sapins déracinés par la tempête.

Il ne m'appartient point de disserter savamment sur les ruines de Balbeck; je m'incline devant les oracles qui ont été prononcés par les juges compétents. Il n'est pourtant pas nécessaire d'être bien savant pour distinguer au premier coup d'œil, parmi ces débris, trois sortes de constructions bien distinctes. La partie inférieure se compose de murs énormes qui supportent l'enceinte sur laquelle se sont élevés les temples: cette partie est évidemment la plus ancienne; on peut, si l'on veut, la faire contemporaine des premières races qui ont peuplé la Célésyrie; elle rappelle les constructions pélasgiques; les hommes qui ont remué ces blocs et qui les ont placés les uns sur les autres sont de la race des géants qui entassaient les montagnes pour escalader le ciel.

Sur cette base inébranlable, que les tremblements de terre ont secouée sans pouvoir la détruire, s'élevaient jadis les merveilles de l'art grec, ici pur et majestueux, là avec une profusion d'ornements qui indique une époque de décadence. On voit encore un temple dont les murs et la plupart des ornements intérieurs sont intacts; le style de son architecture rappelle les meilleurs monuments de l'art grec que l'on rencontre à Rome.

Enfin, comme si toutes les fortes races s'étaient donné le mot pour se retrouver dans ce coin de terre, le château construit par les Sarrasins au moyen-âge fait surgir au milieu des colonnes renversées de puissantes murailles, des créneaux et des fenêtres découpées en ogives.

Ces vestiges des plus grandes époques du monde sont mêlés confusément; les limites sont effacées ; Balbeck pourrait s'appeler la confusion des âges, comme Babel a été la confusion des langues.

Après avoir erré pendant plusieurs heures au milieu de ces ruines, recueilli çà et là quelques rares inscriptions, escaladé les murs et mesuré les pierres gigantesques, je songeai à gravir de nouveau les pentes escarpées qui se dressaient devant moi, de l'autre côté de la plaine. Malgré l'étonnement et l'admiration que m'inspiraient les ruines de Balbeck, je me sentais attiré par un charme plus puissant vers les cèdres du Liban. J'étais encore pèlerin en poursuivant les souvenirs de Salomon ; les restes de l'antique forêt qui eut la gloire de contribuer à la splendeur du temple de Jéhovah me touchaient plus que les ruines des merveilles consacrées au culte des faux dieux.

IX.

Rome, 25 février 1856.

Mon cher Louis, en feuilletant mes notes de voyage, je rencontre une lettre à ton adresse, datée de Daïr-el-Ahhmar. Je ne puis te l'envoyer sans la faire précéder d'une petite préface, afin de te mettre en deux mots au courant des aventures dont elle contient le récit.

Parti le 16 octobre de Balbeck, après avoir employé la plus grande partie de cette journée à visiter les ruines, j'arrivai d'assez bonne heure au pied de la montagne que je devais franchir le lendemain. J'étais condamné à passer la nuit dans un des plus petits et des plus misérables villages des Maronites. Mon parti fut bientôt pris. David m'avait introduit dans la demeure du notable de l'endroit ; il étendit une sorte de tapis dans le coin d'un hangar qui formait la plus belle pièce de la maison, puis il se mit en devoir de courir après le pot au feu, je veux dire après deux malheureuses poules qui, sans se douter du triste sort qui leur était réservé, remuaient, à deux pas de là, la poussière de la cour pour y chercher leur maigre pâture. Plein de confiance dans ses talents culinaires, et médiocrement attiré par les charmes du logis, j'allai faire une petite reconnaissance dans les environs. Après avoir suivi le plateau qui domine le village, j'embrassai du regard la plaine que je venais de traverser. Le soleil, en rasant de ses feux la chaîne du Liban, faisait resplendir ses sommets et projetait au loin les ombres des montagnes. L'antique idole d'Héliopolis jetait un dernier regard sur les temples qui lui étaient autrefois consacrés.

Quelque monstrueuse que paraisse à nos intelligences, éclairées par la révélation divine, cette prostitution que l'homme fait de son cœur et de toutes ses facultés en rendant à la créature un hommage qui n'est dû qu'au Créateur, on conçoit toutefois qu'au milieu des ténèbres qui avaient obscurci la raison, elle ait pu s'égarer jusqu'à déifier l'astre qui, en versant ses rayons sur le monde, donne à la terre la chaleur et la fécondité. Il faut un Dieu à l'homme, et, s'il ne va pas le chercher au delà du monde visible, en se soumettant aux enseignements de la foi, c'est-à-dire en croyant ce qu'on lui annonce du Dieu véritable, qu'il ne peut voir, il faudra nécessairement qu'il se forge une idole avec les objets matériels qui lui sont révélés par les sens; et lorsqu'une fois l'erreur a pris possession du cœur de l'homme, elle va jusqu'à ses dernières conséquences; l'idolâtrie a commencé par le culte du soleil; elle est arrivée jusqu'au fétichisme, en traversant tous les milieux les plus impurs.

Qu'ils sont criminels ceux qui, en ébranlant les bases de la révélation, obscurcissent la notion du Dieu véritable! Sans doute les idoles renversées par Jésus-Christ ne se relèveront jamais; mais les passions qu'elles symbolisaient sont toujours vivantes dans le cœur de l'homme; le culte de la vérité invisible n'a jamais cessé d'être menacé par le culte de la matière.

Ne nous affligeons point trop de voir en face de cette civilisation antique, si brillante, mais si dépravée, l'état misérable dans lequel il plaît à Dieu parfois de laisser gémir des races qui lui rendent un hommage selon son cœur. Elles lui sont fidèles dans l'indigence; le seraient-elles autant dans la prospérité? *Beati pauperes,* redisais-je en jetant un dernier regard sur les ruines de Balbeck et en regagnant l'humble demeure du pauvre Maronite.

La soirée fut joyeuse; une nombreuse compagnie, attirée par le désir de voir l'étranger, se pressait dans ma chambre à coucher. Je distinguai, à la lueur d'une lampe fumeuse, le seigneur curé, qui dominait l'assemblée de toute la hauteur de son bonnet bleu, roulé en turban autour de sa tête. Quelques médailles distribuées à droite et à gauche m'avaient fait des amis; David avait, d'ailleurs, suivant sa louable habitude, donné de bons renseignements sur mon compte : on savait que j'étais prêtre, et il n'en fallait pas davantage pour me faire bien venir de ces braves gens. L'un d'eux, plus entreprenant que les autres, était venu se placer en face de moi et me regardait avec une curiosité désespérante. Ne sachant que faire pour correspondre à l'intention bien marquée qu'il témoignait de se mettre en rapport plus intime avec moi, je prononçai à tout hasard le mot Krangi! Krangi veut dire Européen. Mon interlocuteur se contenta de répéter Krangi d'un ton indifférent ; je n'avais produit aucune impression. Sans me laisser décourager, je repris Français ! Aussitôt ses yeux s'animèrent, il se leva et m'offrit vivement sa main, que je serrai fraternellement et avec une émotion sincère. Partout dans le Liban j'ai retrouvé la même sympathie, le même élan qui part du cœur lorsque l'on prononce le nom de la France.

Aux charmes de la soirée succédèrent les tribulations de la nuit. Elles furent grandes, car, malgré la résolution que j'avais prise et même pratiquée jusqu'alors avec succès de mépriser les ennemis invisibles, ils se trouvèrent cette fois si forts, si nombreux, si bien armés, que je dus leur céder la place. J'allai me réfugier à côté d'un mouton, qui dormait tranquillement à deux pas de là, et je passai tristement ma nuit à compter les étoiles et à écouter le concert que les chacals donnaient dans les environs. L'aurore aux doigts de rose vint me tirer de cette position pénible, et j'eus bientôt oublié ma défaite de la nuit en me retrouvant sur mon fidèle coursier, prêt à gravir les hautes cimes qui se dressaient devant moi.

Le 17, je me mettais donc en marche avec la douce assurance que dans la journée je toucherais les cèdres et me reposerais le soir chez le patriarche maronite. Il n'en fallait pas tant pour me rendre toute mon ardeur. Un sentier à peine tracé dans le flanc raide et pierreux de la montagne me conduisit au sommet en quelques heures. Je pensais y trouver les cèdres ; mais, tandis que je ne cherchais qu'un souvenir, il me fut donné, tout d'un coup et sans y avoir été préparé, de contempler une de ces splendides réalités que l'on ne rencontre pas deux fois dans sa vie. A droite et à gauche les plus hautes cimes du Liban formaient comme le cadre et le premier plan du tableau. Ces sommets altiers dessinaient leur front chauve sur un ciel sans nuage; nulle trace de végétation sur les flancs de la montagne, profondément creusés par les torrents ; la vive lumière d'un soleil ardent suffit à leur parure. Le regard, en s'abaissant, rencontre des plateaux qui descendent graduellement vers la vallée; les cèdres apparaissent au loin comme une oasis égarée au milieu de la solitude. Plus bas que les cèdres, la montagne commence à se peupler; la verdure des mûriers encadre d'humbles villages ; les couvents et les églises se penchent au bord des précipices. Enfin, une profonde vallée, ou plutôt une gorge étroite, qui ressemble à un abîme, s'entrouvre pour recevoir les eaux qui, à l'époque de la fonte des neiges, se précipitent en mille ruisseaux du sommet de la montagne. Au loin, vers l'horizon, la mer laisse deviner ses plages sans limites.

C'était donc le Liban, dans toute sa gloire et dans la plus grande variété de ses aspects, qui se révélait à moi tout d'un coup. Je comprenais, en contemplant les merveilles de ce tableau, pourquoi le nom du Liban se retrouve si fréquemment sur les lèvres des prophètes. Tantôt ils ont contemplé les immenses forêts qui ombragent les vallées et qui couronnent les cimes de la montagne : c'est ainsi, disent-ils, que Dieu multiplie la race du juste ; tantôt ils ont vu les cèdres altiers précipités du haut de ces sommets, leurs troncs brisés gisant au fond des ravins ; la chute de ces géants a figuré dans leurs cantiques sacrés celle de l'impie, dont le cœur s'était laissé gonfler par l'orgueil.

Mais une image plus vive et plus touchante résumait pour moi toutes les magnificences que j'avais sous les yeux. Comment aurais-je pu oublier celle de laquelle il a été dit : Sa beauté est comme la beauté du Liban : *Species ejus ut Libani*. Merveilleuse prérogative de la Mère de Dieu ! Tout ce qu'il y a de grand dans la nature nous est présenté comme une image de sa grandeur ; d'elle on peut dire comme du Créateur : Le monde raconte sa gloire. C'est bien d'elle, en effet, que nous parlent ces sommets qui montent vers le ciel, ces monts qui resplendissent en réfléchissant tous les feux du firmament, ces cèdres dont les racines plongent profondément dans la terre et qui étendent au loin leurs rameaux. Toute cette gloire du Liban, c'est l'image de sa gloire : *Gloria Libani data est ei*.

Il faut s'être rencontré en présence de cette belle nature, avec quelques souvenirs de la Bible dans le cœur, pour comprendre la relation merveilleuse qui existe entre l'image et la réalité mystérieuse qu'elle représente. La principale fonction des créatures, c'est d'être le miroir dans lequel les objets du monde surnaturel viennent se réfléchir. Le paganisme croyait poétiser la nature en la déifiant ; la vraie religion a seule trouvé la véritable grandeur des créatures en leur donnant une âme et une voix pour raconter la gloire de Dieu.

Il fallait pourtant se détacher de ce merveilleux panorama. Je m'acheminai vers les cèdres en suivant le lit profond des torrents. Le plateau des cèdres est situé à 3,000 pieds environ au-dessous des sommets que je venais de franchir ; la hauteur qui le sépare des plateaux inférieurs est à peu près la même. La petite forêt des cèdres se trouve ainsi isolée au milieu de ces monts arides, sur toute l'étendue desquels le regard ne découvre pas la moindre trace de végétation. Elle se compose de trois ou quatre cents arbres, dont une dizaine seulement peuvent défier tous les calculs qui auraient la prétention de fixer leur âge. Leur élévation n'a rien de prodigieux ; leurs troncs noueux, recouverts d'une écorce qui ressemble aux écailles d'un monstrueux serpent, se divisent à cinq ou six pieds du sol, pour étendre leurs branches à des distances très considérables. Une petite chapelle, quatre murs surmontés d'une terrasse, s'élève sous leur ombrage. L'ermite n'était pas là, et je ne pus pénétrer dans l'humble sanctuaire. Mais sous les cèdres on songe au temple de Salomon, les souvenirs suffisent au recueillement.

Je dois dire toutefois qu'en arrivant sous ces antiques ombrages, je me sentis dominé par une influence beaucoup moins sainte que celle des souvenirs. Je ne pouvais tout à fait oublier que j'avais passé une nuit parfaitement blanche et marché pendant six heures dans des sentiers peu commodes. J'avisai donc parmi ces patriarches de la création celui qui me parut le plus bienveillant. Deux noms profondément gravés dans son écorce me rappelaient le souvenir du vieux Trappiste qui vécut en pèlerin pendant les dernières années de sa vie. Le P. de Géramb avait associé à son nom celui de l'aimable enfant dont la perte a creusé une plaie si profonde dans le cœur du pauvre Lamartine. Je me crus permis de chercher un peu de repos à l'ombre de ces souvenirs. D'énormes racines m'offraient une sorte de berceau ; je m'endormis comme un enfant entre les bras du vieux cèdre.

Je ne sais combien de temps mes rêves auraient duré si David, dont la vigilance ne se démentait jamais, n'était venu me faire souvenir qu'il fallait songer à aller chercher chez le patriarche un lit moins dur que celui que je m'étais choisi. Il m'apportait en même temps quelques beaux fruits cueillis sur les plus vieux cèdres. Je me rétablis tant bien que mal sur mes deux pieds et je repris silencieusement le chemin qui devait me conduire à Diman.

Après avoir suivi pendant deux ou trois heures les sinuosités de la vallée, j'arrivai en face du modeste pavillon qui est la résidence d'été du patriarche maronite. Cette humble demeure n'a d'autre mérite que sa position au-dessus de la vallée, qu'elle domine dans toute son étendue jusqu'aux cèdres. La petite forêt apparaît de là comme un autel isolé entre le ciel et la terre. Le long de la vallée, de distance en distance, des grottes naturelles s'ouvrent dans le flanc des rochers à pic. C'est là que jadis les anachorètes, voués à la contemplation, vivaient et mouraient sans avoir connu le monde.

A peine étais-je descendu de cheval, que le secrétaire du patriarche vint me souhaiter la bienvenue en français, et je fus introduit dans la salle d'audience, où j'attendis le patriarche. Une natte, quelques tapis le long des murailles blanches, un coussin rouge, voilà tout l'ameublement de cette salle, qui est la plus grande et la plus ornée de la maison. Il est vrai que, par égard pour mes habitudes européennes, on me fit, en m'introduisant, la gracieuseté d'apporter une chaise; mais un coup d'œil me suffit pour me faire juger à quel péril je m'exposerais en occupant une position aussi élevée en face du patriarche, assis par terre dans un coin de la chambre. Je m'étendis donc bravement sur un tapis. Le patriarche, quoiqu'un peu souffrant, voulut bien venir quelques instants après, et il m'accueillit de la manière la plus bienveillante. C'est un homme d'environ soixante ans. Il porte avec beaucoup de dignité son brillant costume oriental, qui se compose, comme celui des prêtres, d'un turban de forme élevée et d'une robe très ample avec des manches larges et pendantes. Ce vêtement est de couleur rouge; celui des évêques est violet; les prêtres portent la couleur bleue.

L'influence du patriarche est dominante, dans le Liban, sur le clergé et sur le peuple. C'est de lui que dépendent immédiatement les innombrables couvents répandus dans la montagne. L'autorité des évêques se trouve limitée par la sienne dans les affaires les plus importantes. Lui seul avait le droit, il y a de cela fort peu de temps, de porter ostensiblement la croix d'or suspendue au cou; les autres évêques, même dans leur diocèse, devaient cacher leur croix dans le pli de leur robe. Le patriarche actuel a une grande réputation de savoir et d'habileté. Il a passé plusieurs années à Rome : bien qu'il soit aussi Maronite qu'on peut l'être, incapable, par conséquent, de vivre ailleurs que dans le Liban, il connaît l'Europe et n'ignore point ce qui s'y passe. Sa physionomie, pleine de finesse, invite à parler; il écoute, et parle peu lui-même. Parmi les prêtres qui l'entourent, il en est plusieurs qui ont fait leurs études à Rome, au collège de la Propagande. L'un d'eux parle l'italien avec une grande pureté et le français très passablement.

J'avais espéré être gratifié le soir d'un dîner à l'orientale, mais je fus trompé dans mon attente. Il fallut me résigner à manger, autrement qu'avec mes doigts, des ragoûts qui avaient une couleur et un goût tout à fait européens. La civilisation commence à pénétrer dans le Liban sous la forme des fourchettes et des couteaux. Mais il s'écoulera bien du temps encore avant que ses importations deviennent assez nombreuses pour altérer le fond des mœurs et des usages. Les Maronites ont plus qu'aucun autre peuple de l'Orient l'amour de leur nationalité. Ils se croient, ou du moins ils se disent, plus parfaits qu'ils ne le sont en réalité; mais le charme que l'on trouve dans leur hospitalité, si aimable, si franchement chrétienne, ne permet pas que l'on se formalise de cette petite vanité nationale, qui choque et froisse si durement quand on la rencontre chez les peuples d'Occident. Les Orientaux et même les Maronites sont loin d'être parfaits, mais ils connaissent beaucoup moins que nous ce vice blessant que l'on nomme l'orgueil.

Le lendemain matin, après avoir dit la messe, je pris congé du patriarche, en lui demandant sa bénédiction. Je la reçus comme une sauvegarde contre les dangers possibles de la route qui me restait à parcourir. « Maintenant, Monseigneur, lui dis-je en me relevant, je ne crains plus les chemins du Liban. »

Tu me permettras, mon cher Louis, de ne plus te dire que quelques mots des trois journées que je mis pour rentrer à Beyrouth en achevant ma tournée dans la montagne. Je n'ai pas eu d'autre prétention que celle de te donner la physionomie du pays, telle que j'ai pu la saisir au vol. Il faudrait non pas quelques jours, mais plusieurs semaines pour visiter les principales curiosités du Liban, de manière à pouvoir ensuite parler pertinemment de ses couvents, de son clergé et de ses habitants. Je ne puis taire, toutefois, la journée que j'ai eu le bonheur de passer à Ghazir chez les bons Pères Jésuites.

Ce n'est pas une petite affaire que de pénétrer chez eux. Le samedi, d'assez bonne heure, j'arrivais au pied de la montagne sur le penchant de laquelle se trouve située la ville de Ghazir. Après une escalade des plus pénibles, dans laquelle mon cheval, en s'abattant, faillit me casser le genou contre un arbre, je me trouvai au milieu des mûriers qui courent dans toutes les directions et montent de terrasse en terrasse jusqu'aux pieds de la gracieuse cité. Je franchis encore quelques escaliers; un instant après, j'étais entouré de Français, et je serrais la main d'un compatriote, le P. Guyornaud, de Besançon. Quelle joie de s'entendre souhaiter la bienvenue, si loin de la patrie, avec cet accent qui va droit au cœur! C'est donc toujours la France que l'on retrouve partout où il y a du bien à faire, au milieu des souffrances et des privations, partout où il y a du sang ou des sueurs à répandre. Si je ne craignais de mériter le reproche que je faisais tout à l'heure aux Maronites, je pourrais dire encore qu'en Palestine et en Syrie, là où j'ai rencontré la France militante, j'ai rencontré aussi la Franche-Comté. Mais un peu d'orgueil national n'est point de trop quand il est inspiré par le spectacle du courage chrétien.

Les Jésuites ont à Ghazir l'établissement le plus important, sans contredit, de toute la montagne. Une quarantaine d'enfants et de jeunes gens sont préparés au sacerdoce par l'étude des langues et de la théologie. La moitié à peu près de ces élèves est envoyée du Liban, l'autre moitié vient des différentes parties de la Syrie, quelques-uns même de l'Asie Mineure. On remarque en général chez eux une aptitude remarquable à apprendre les langues. C'est grâce à cette facilité qu'on peut les initier à l'étude du latin, qui leur est indispensable pour connaître un peu de théologie. Jusqu'à ce jour les Manuels de la science ecclésiastique, à l'exception d'un seul ouvrage élémentaire de théologie morale, n'ont point été traduits en arabe. C'est là, sans contredit, une des causes de l'ignorance du clergé oriental, ignorance qui va jusqu'à rendre les curés incapables de faire le catéchisme à leurs paroissiens. Les pauvres Orientaux, entravés d'ailleurs par l'esprit de routine et par l'indolence qui leur est naturelle, ne sortiront jamais à eux seuls d'un état aussi pitoyable. Ils ne peuvent se passer des latins pour l'établissement des écoles et surtout pour l'instruction de la jeunesse destinée au sacerdoce. Ils se font à cet égard de nombreuses illusions, mais les faits sont là pour les démentir.

La vie des Jésuites à Ghazir est une des plus laborieuses qui se puisse concevoir. Ils doivent commencer par étudier l'arabe, puis, les grammaires manquant, il faut apprendre le français aux écoliers afin de les faire arriver par là à l'étude du latin. Les difficultés de ce travail compliqué sont plus faciles à imaginer qu'à exprimer. Mais il est un langage que ces pauvres enfants comprennent de suite, avant d'avoir traversé les déclinaisons et les conjugaisons : c'est le langage du cœur. Ce langage est parlé à Ghazir avec une éloquence qui m'a profondément touché. Il y a quelque chose de plus que paternel dans les rapports entre les maîtres et les élèves. Moi-même, hôte de quelques heures seulement, je me sentis gagné par l'influence de cette atmosphère. Les Pères voulurent à toute force que le pèlerin de Terre sainte adressât quelques paroles aux écoliers. Le matin du dimanche, je me rendis à la congrégation ; je parlai pendant longtemps sans trop me soucier de savoir si j'étais compris. Je crois bien que mes regards passaient par-dessus ces petites têtes d'enfants, pour aller chercher bien loin, bien loin, d'autres visages que les souvenirs de mon cœur avaient évoqués tout d'un coup. Mais les enfants de Dieu ne sont-ils pas tous de la même famille? Et la voix du prêtre, écho de la voix de Dieu, ne rencontre-t-elle pas, dans quelque langue qu'elle s'exprime, un autre écho tout préparé au fond des cœurs sanctifiés par la grâce? Ce qui est bien certain, c'est que j'avais plus d'un ami à Ghazir quand il me fallut quitter ce charmant asile, et je ne sais combien de temps j'aurais joué à la galine dans la cour du collége, si David, qui était chargé de me rappeler aux réalités de ma vie de voyageur, n'était venu me dire que les chevaux étaient prêts. — Adieu donc, mes bons Pères ! adieu ! n'oubliez pas votre hôte d'un jour ! Quant à lui, si jamais il venait à oublier quels exemples de dévouement il a recueillis parmi vous et quels précieux souvenirs vous avez réveillés dans son cœur, *adhæreat lingua mea faucibus meis.*

Avant de quitter le Liban, je voulus encore visiter les trois couvents de Bzommar, Harissa et Antoura, que l'on m'avait indiqués comme très intéressants, soit à cause de leur position, soit à raison des souvenirs qu'ils rappellent. Bzommar est la résidence du patriarche arménien catholique, qui, fuyant la persécution des hérétiques, vint, au milieu du siècle dernier, se réfugier dans cette partie du Liban. Le couvent et l'église qu'il renferme sont construits sur des dimensions très vastes, en face de la mer, dans la partie la plus riante et la mieux cultivée du Kesrouan. Une quarantaine de jeunes séminaristes y vivent sous la direction du patriarche ; ils sont destinés à recruter le clergé missionnaire disséminé en Arménie au milieu des schismatiques. On parle avec un touchant intérêt de l'esprit de zèle et de dévouement au Saint Siége qui règnent dans cette communauté. Au moment où j'entrais dans l'église, on chantait les litanies de la Sainte Vierge sur ce ton monotone et un peu nasillard qui distingue le chant des Orientaux. Je ne ressentis point en l'écoutant l'impression désagréable qu'il m'avait fait éprouver à Jérusalem. A Bzommar, je pouvais unir ma prière à celle des enfants de l'Eglise. L'Eglise ! nom magique et mystérieux qui ne peut être prononcé sans éveiller aussitôt l'idée de mère et l'idée de famille. Car l'Eglise, qu'est-ce autre chose que les enfants rassemblés autour de la mère ? L'époux de cette mère, c'est le Christ ; si vous chassez l'épouse, vous chassez aussi l'époux ; si vous persécutez l'Eglise, c'est le Christ lui-même que vous persécutez. On aura beau subtiliser à l'infini pour imaginer des chrétiens qui ne soient pas catholiques. Enfant de l'Eglise et disciple de Jésus-Christ, catholique et chrétien, c'est tout un.

Après avoir jeté, du haut de la terrasse du couvent, un rapide coup d'œil sur les magnificences qui m'environnaient, je me hâtai de redescendre pour arriver à Harissa avant la nuit close. Harissa était pour moi un dernier adieu donné aux Franciscains de Terre sainte. C'est là que les religieux destinés à remplir en Palestine les fonctions de curé viennent apprendre l'arabe. Le lendemain matin, j'en repartais, après avoir dit la messe, et j'arrivai de bonne heure à Antoura, ma dernière station avant Beyrouth.

Antoura est situé dans un vallon qui reçoit les eaux de la montagne. Une riche végétation encadre le couvent, qui a été la première résidence des Jésuites dans le Liban. C'est là qu'ils furent accueillis, vers le milieu du XVII° siècle, par un prince maronite, qui encouragea le développement de leur mission. L'orage qui, un siècle plus tard, les chassait d'Europe, renversa aussi leurs missions du Levant. Les Lazaristes sont venus les remplacer à Antoura. Ils y ont un collége, dans lequel ils reçoivent les enfants des familles européennes que le commerce attire vers cette partie de la côte de Syrie. On y enseigne les éléments des sciences et les langues, principalement le français. A Antoura, je rencontrai le souvenir de M. Eugène Boré, d'une manière qui me fit un sensible plaisir. Je venais d'entrer dans une salle où quelques enfants se trouvaient réunis, lorsque l'un d'eux s'élança vers moi en me disant avec un accent qui partait du cœur : « Bonjour, Monsieur Boré ! » La méprise de l'enfant et l'accent de tendresse filiale qu'il avait su donner à son bonjour, me révélaient l'humble Lazariste dont le nom est vénéré à Constantinople par tous ceux qui croient à la puissance d'une intelligence d'élite, mise au service de la charité chrétienne.

D'Antoura je redescendis vers la mer pour suivre la plage jusqu'à Beyrouth. Après avoir longé un petit ruisseau qui court au milieu d'une belle plantation de cannes à sucre, j'arrivai sur les bords du Nahr-el-Kelb, le Lycus des anciens. Son lit sablonneux et peu profond était encombré de bêtes de toute sorte, chargées de femmes et d'enfants qui fuyaient Beyrouth et le choléra.

Je croisai tout ce monde, dont la frayeur ne m'épouvantait que médiocrement, parce que j'avais des raisons pour la croire très exagérée, comme elle l'était en effet. Au delà du fleuve, un promontoire s'avance dans la mer et ferme complétement le rivage ; on le franchit en suivant une route taillée en corniche dans le roc. Ce travail remonte au règne d'Antonin le Pieux, comme l'indique une inscription romaine très bien conservée. Les parois des rochers au-dessus de la route laissent voir d'autres vestiges qui remontent à la plus haute antiquité. De grandes figures sculptées dans la pierre, et dont quelques-unes sont encore assez distinctes, offrent un échantillon aussi pur que possible de l'art égyptien. Des tablettes couvertes d'hiéroglyphes et de caractères cunéiformes entourent ces figures. Les hommes compétents qui ont étudié ces curieux bas-reliefs prononcent à ce propos les noms de Sésostris et des rois assyriens prédécesseurs de Nabuchodonosor. Je suivis pendant quelque temps la route tracée par ces vieux conquérants ; puis je retrouvai le sable de la mer, sur lequel la goutte d'eau, plus puissante que l'ongle de fer des ravageurs, fait disparaître leur trace comme elle efface les vestiges du voyageur obscur.

Deux heures après, je rentrais à Beyrouth, et je franchissais de nouveau avec bonheur le seuil de la maison des Jésuites.

X.

Rome, 26 mars 1856.

Mon cher Louis, je lisais dernièrement dans un vieil auteur une longue dissertation sur la question de savoir si le Liban doit être compris dans les limites de la Terre sainte. Je ne me rappelle plus bien quelles étaient les conclusions ; mais ce que je sais, c'est que, pendant les quelques jours que j'ai passés au milieu de ces montagnes, je ne me regardais point comme étant en pays profane : il me semblait que je continuais mon rôle de pèlerin.

Le surlendemain de mon retour à Beyrouth, je me retrouvais sur le pont du vaisseau qui, deux mois auparavant, m'avait fait aborder à Jaffa. Tandis que la vapeur nous emportait vers la pleine mer, je contemplais une dernière fois le Liban, comme on regarde un ami que l'on ne doit plus revoir et dont on veut graver profondément les traits dans son souvenir.

Bientôt après, la chaîne des montagnes n'était plus qu'une ligne incertaine à l'horizon ; mon regard cherchait à deviner vers le midi les rivages de la Palestine ; j'envoyais à la Terre sainte un dernier adieu, un adieu qui n'avait rien de triste, car je sentais que j'emportais avec moi toutes les émotions des lieux que j'avais eu le bonheur de visiter. Toutefois, mon rôle de pèlerin finissait, je n'étais plus qu'un voyageur. Voyageur et pèlerin, ce n'est point une même chose. Le pèlerin doit recevoir des impressions, et il lui est permis de les raconter. Quant au voyageur, comme l'on attend de lui des notions exactes et précises plutôt que des émotions, il doit craindre de parler de ce qu'il n'a vu qu'en passant et d'un regard distrait.

Et puis, il faut encore le redire, c'est le privilége de la Terre sainte d'inspirer des sentiments devant lesquels toutes les autres impressions pâlissent et s'effacent. Ailleurs, ce qui frappe le regard, c'est la face du monde qui passe et se renouvelle sans cesse. L'histoire d'un coin de terre, c'est l'histoire de plusieurs races, de plusieurs conquérants, de plusieurs empires. Chaque période de cette histoire a laissé quelque vestige, devant lequel, si petit qu'il soit, il n'est pas permis de passer avec indifférence. Les pierres parlent, et leur langage a souvent d'autant plus d'attrait, qu'il n'offre qu'une énigme à déchiffrer. A côté de ces vestiges du passé, le présent étale ses œuvres, l'avenir déroule ses perspectives ; nouvelles énigmes souvent plus impénétrables que les premières. Les passions des hommes s'agitent en suivant le courant qui leur est tracé par le caractère, les mœurs, les institutions des peuples. Du moins, c'était ainsi que les choses se passaient autrefois. Aujourd'hui, que les limites s'effacent et que les empires les plus jaloux sont contraints d'abaisser leurs barrières, qui peut prévoir l'avenir des nations ? Lorsque les passions humaines éclatent dans un coin du monde, leur tumulte rencontre partout des échos. Jadis il fallait des flots de soldats pour ébranler un empire ; aujourd'hui, c'est assez d'une étincelle électrique.

La Terre sainte, séparée par un abîme de toutes les contrées qui l'entourent, demeure en dehors des agitations humaines. Là les hommes ne sont plus rien, Dieu est tout; son histoire est la seule qui s'offre à l'esprit ; son souvenir est le seul qui demeure, après que l'on a médité sur cette ruine du monde, sur ce monument de la justice de Dieu, sur le théâtre de sa miséricorde. On montre, je ne sais plus dans quel palais de l'Allemagne, les aiguilles des horloges arrêtées sur l'endroit du cadran qui marque l'heure de la mort d'un grand roi. En Terre sainte on peut dire que l'aiguille du temps a cessé de marcher depuis l'heure où s'est accomplie la grande immolation qui a renouvelé la face du monde. Les hommes sont venus à diverses reprises ; ils ont tenté, avec une incroyable persévérance, de fonder un empire, de recommencer une histoire. Toujours la tempête les a balayés, sans leur permettre d'achever l'œuvre qu'ils avaient entreprise. Dieu n'a point eu égard à la pureté des intentions; saint Louis a échoué aussi bien que l'impie Frédéric II ; le sol sanctifié par la grande expiation n'a guères été autre chose, à toutes les époques, qu'un lieu de pèlerinage vers lequel Dieu poussait les peuples comme les individus pour les y purifier par la souffrance.

Si tel a été le passé de la Terre sainte, que pourrait-on dire de son avenir? Dieu lui-même, il est vrai, a écrit cet avenir avec la plume des prophètes; mais jamais de plus mystérieuses paroles n'ont enveloppé de plus redoutables mystères. Toutefois, une vérité se détache au milieu de ces ombres : c'est que, lorsqu'il plaira à Dieu d'intervenir une dernière fois personnellement et directement dans les affaires de ce monde, c'est encore la Terre sainte qui sera le lieu de sa visite. Faut-il s'étonner que le présent se taise, entre un passé tout divin et un avenir dans lequel il nous est donné d'entrevoir la dernière manifestation de la toute-puissance ?

Enfin, mon cher Louis, je ne puis oublier en terminant ces récits, que je les ai commencés par un souvenir donné à ton patron. Je serais bien ingrat si je méconnaissais la part très grande qui lui appartient dans mon pèlerinage. C'est l'ange de son église de Rome qui a été le compagnon de la meilleure et de la plus heureuse partie de mon voyage. Il m'est apparu quelques semaines avant mon départ sous la forme de l'aimable prélat qui dirige l'établissement de Saint-Louis-des-Français ; j'ai dû à ses bonnes inspirations la première pensée de mon pèlerinage, et je ne saurais séparer le souvenir de Mgr Level des douces émotions que j'ai ressenties. Que Dieu et saint Louis soient toujours en aide au pèlerin de Jérusalem !

FIN.

BESANÇON, IMPRIMERIE DE J. JACQUIN.

www.ingramcontent.com/pod-product-compliance
Lightning Source LLC
Chambersburg PA
CBHW070523100426
42743CB00010B/1927